正義の法

The Laws of Justice

憎しみを超えて、愛を取れ

大川隆法
Ryuho Okawa

God is Never Silent

Conflict between Religion and Materialism

Progress Starts from Righteousness

Principle of Justice

The Great Turning Point in Human History

Establishing the Justice of God

まえがき

「正義の法」とはなかなか重厚感《じゅうこうかん》のあるテーマである。哲学《てつがく》の永遠のテーマでもあり、政治が永久革命《えいきゅうかくめい》としての民主主義を求める根拠《こんきょ》でもありえるだろう。そして宗教にあっては、「神の本心」を求め続ける営為《えいい》に他《ほか》ならない。

本書では、形而上学《けいじじょうがく》、あるいは、観念論的《かんねんろんてき》、抽象的《ちゅうしょうてき》な議論を含《ふく》みつつも、現代の、あるいは、説法日当日の、国際政治学的事象《じしょう》や日本の国内政治・マスコミ的な論調をもテーマにとりあげて、私自身が「正しい」と考えるところを述べてみた。

最新の宗教が、国際政治学をも呑《の》み込《こ》んだ形となったが、私の立場は一貫して、現代の「無知《むち》の知《ち》」を明らかにしていく上で、ソクラテス的であったと思う。

本書が、宗教の書であるのか、政治哲学の書であるのかも、読者によって意見がわかれることだろう。

二〇一五年　十二月

幸福《こうふく》の科学《かがく》グループ創始者兼総裁《そうししゃけんそうさい》　大川隆法《おおかわりゅうほう》

正義の法　目次

第2章　宗教《しゅうきょう》と唯物論《ゆいぶつろん》の相克《そうこく》
――人間の魂《たましい》を設計《せっけい》したのは誰《だれ》なのか

第3章 正しさからの発展《はってん》
――「正義」の観点《かんてん》から見た「政治《せいじ》と経済《けいざい》」

第4章　正義の原理

——「個人における正義」と「国家間における正義」の考え方

第5章 人類史《じんるいし》の大転換《だいてんかん》
――日本が世界のリーダーとなるために必要《ひつよう》なこと

第6章　神の正義の樹立《じゅりつ》

――今、世界に必要とされる「至高神《しこうしん》」の教え

地球レベルでの正しさとは何か

「地球的正義《せいぎ》とは何か」について答えるとするならば、

「世界の方々から見て、地球的正義に見えるかどうか」

ということが一つの判断《はんだん》基準《きじゅん》になります。

世界には幾《いく》つもの国がありますが、
どの国も、ある程度《ていど》、自分の国の「国益《こくえき》」というものを中心に、
海外に対して言論《げんろん》を発信《はっしん》しています。
そして、当然《とうぜん》、その言論に対して納得《なっとく》のいかない国は、

自分の国の立場に基《もと》づいて反論し、批判《ひはん》をします。
ときには、意見が対立したまま平行線をたどることもあります。
しかし、たいていは、
一つの大きな力を持った国がリーダーとなって
世界を導《みちび》いていくかたち、
すなわち、各《かく》時代のいわゆる覇権《はけん》国家、
最強《さいきょう》の国の考える「正義」が「地球の正義」になる場合もあれば、
また、国際連合《こくさいれんごう》等の、
現代《げんだい》の国際社会において多数の同意を得《え》られた考えが
「正義」と考えられる場合も多いかと思います。

そのなかで、この日本という国は、長らく、
世界で主導《しゅどう》的な立場に立てる位置《いち》にいたにもかかわらず、
的確《てきかく》なる価値《かち》判断を世界に発することができなかったことを、
とても、とても、残念《ざんねん》に思います。
また、「言うべきことがなかった」というのであれば、
まことに情《なさ》けないことでしょう。

考え方の順序《じゅんじょ》としては、このようになります。
まず、「この国において、守られるべき正義とは何であるか」
ということをはっきりさせます。
さらに、その考え方が、

他国の考えている正義と両立しない場合には、
それをどのように考えていけばよいかということに
作業が移《うつ》っていきます。
最後は、それぞれの国に、応援《おうえん》する国家が付《つ》くはずですので、
応援する国家の意見も交《まじ》えて、
「地球的レベルでの正しさとは何か」ということが
決まっていくことになるわけです。

――『地球的正義とは何か』より

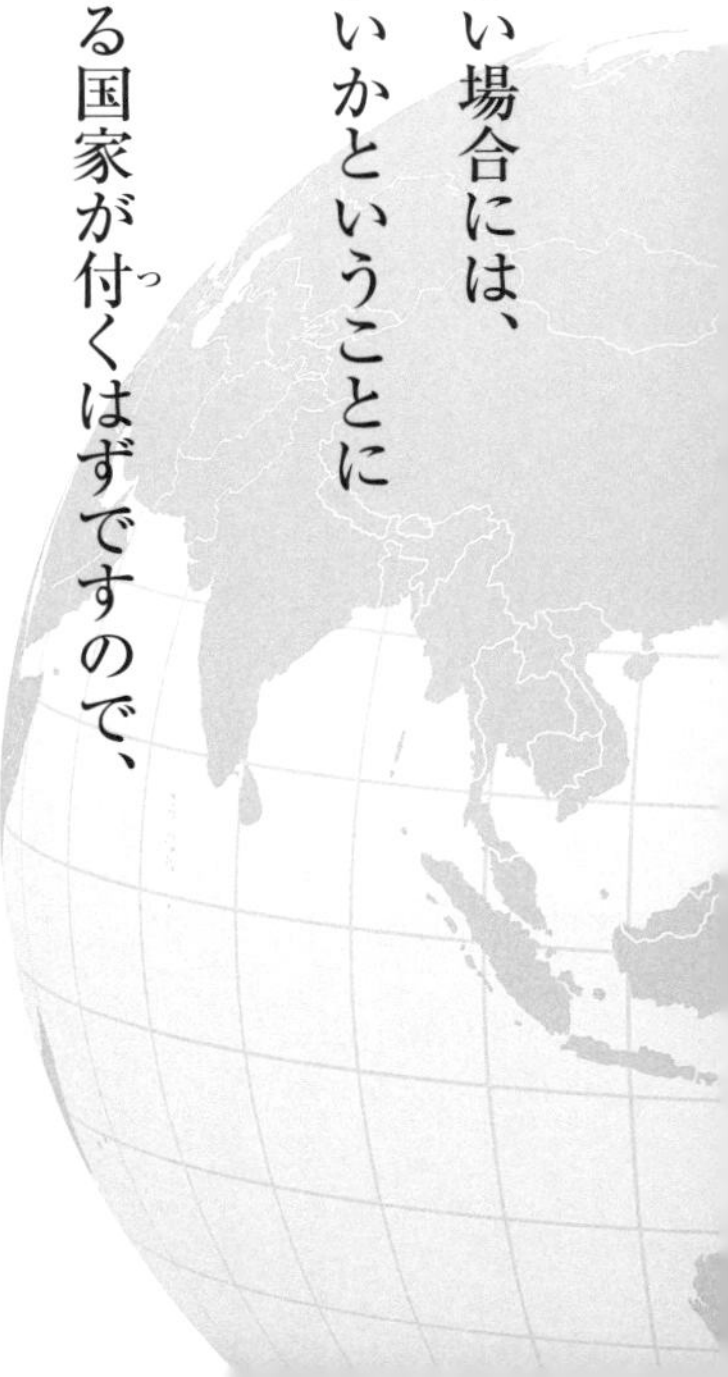

God is Never Silent

第1章

神は沈《ちん》黙《もく》していない

「学問的正義《せいぎ》」を超《こ》える「真理」とは何か

1　「先進国の学問」に潜《ひそ》む一つの問題

二〇一四年は『忍耐《にんたい》の法《ほう》』（幸福の科学出版刊《しゅっぱんかん》）、二〇一五年は『智慧《ちえ》の法』（同）と、「法シリーズ」を発刊しましたが、その間、日本も世界も、そして幸福の科学にとっても、文字どおり「忍耐」の時を過《す》ごすことになったと感じています。

　しかしながら、「大いなる仕事を成《な》さんとする者は、必《かなら》ず、耐《た》え忍《しの》びの時を過ごさねばならない」というのは、古今東西《ここんとうざい》、どのような歴史《れきし》を見ても、そのとおり

『智慧の法』
（幸福の科学出版）

『忍耐の法』
（幸福の科学出版）

でしょう。

私には、二〇一四年にノーベル平和賞《しょう》を受賞した、十七歳《さい》のイスラムの少女マララ・ユスフザイさんが、受賞演説《えんぜつ》で述《の》べていたことが印象《いんしょう》に残《のこ》っています。

イスラムの国においては、過激《かげき》な人たちが、「伝統《でんとう》的なイスラムの戒律《かいりつ》を守《まも》って、保守《ほしゅ》的に生きるべきであるから、少女が顔を隠《かく》さずにバスに乗って学校へ通うなど、もってのほかである」と言って、四百校ぐらいの学校を壊《こわ》しました。

そのようなこともあって、彼女《かのじょ》のノーベル賞受賞演説では、「なぜ、銃《じゅう》を与《あた》えることはとても

2014年12月、ノーベル平和賞を受賞したパキスタン出身のマララ・ユスフザイさん。17歳でのノーベル賞受賞は史上最年少。（写真：ノルウェーのオスロ市庁舎で開かれた授賞式で演説を行った）

簡単《かんたん》なのに、本を与えることはとても難《むずか》しいのでしょうか。なぜ、戦車《せんしゃ》をつくることはとても簡単で、学校を建《た》てることはとても難しいのでしょうか」と述べていたのです。

そのように、ある種《しゅ》の宗教《しゅうきょう》に属《ぞく》している人々は、今、「自由な教育を受けて、さまざまな職業《しょくぎょう》に就《つ》く権利《けんり》」と「職業選択《せんたく》の自由」を求《もと》めて、活発に活動をしています。それも一つの道であり、求められる道でもあると思います。

他方、先進国においては、日本でもアメリカでもそうですが、「根本的に、教育を受ける権利が理想的なものになっているのか」という、もう一つの疑問《ぎもん》も湧《わ》いてきています。

確《たし》かに、「宗教から離《はな》れ、教育を得《え》て技術《ぎじゅつ》を習得《しゅうとく》し、職業に就き、社会的に活《かつ》躍《やく》する」という〝幸福の方程式《ほうていしき》〟が、多くの国では、まだまだ〝信仰《しんこう》〟されているのかもしれません。

しかし、すでに先進国になった国においては、実のところ、教育のなかで、あるいは、「学問」という名において、ある種の「神の抹殺《まっさつ》」「信仰の退去《たいきょ》」が求められている面もあるように思います。

2　アメリカの大学で起きた「学問」と「信仰《しんこう》」の対立

映画《えいが》で描《えが》かれた、大学での「信仰《しんこう》」をめぐる論争《ろんそう》

アメリカの映画《えいが》で、「神は死んだのか」（二〇一四年公開）という作品があります。日本語のタイトルとしては、そのように訳《やく》されていましたが、英語《えいご》の原文では、“GOD'S《ゴッズ》 NOT《ノット》 DEAD《デッド》”と題されていまし

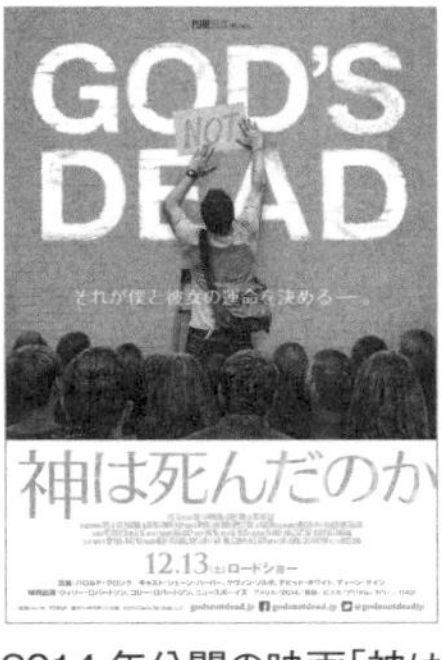

2014年公開の映画「神は死んだのか」（原案：ライス・ブルークス著『GOD'S NOT DEAD』／シンカ／いのちのことば社）

た。つまり、英語では「神は死んでいない」ということですが、日本語では「神は死んだのか」と訳されており、ニーチェの言葉（「神は死んだ」）によく似《に》ていたのです。

この映画は、主人公である男子学生がアメリカの大学で哲学《てつがく》のコースを履修《りしゅう》するに当たり、教授《きょうじゅ》から、「まず、〝God《ゴッド》 is《イズ》 dead《デッド》.〟（神は死んだ）と書き、署名《しょめい》せよ」と要求《ようきゅう》され、そうしないと次の授業には進めないというものでした。実際《じっさい》にアメリカの大学で起きた、訴訟《そしょう》も絡《から》んだ事件《じけん》を題材《だいざい》にして製作《せいさく》された映画のようです。

教授が講義《こうぎ》の最初《さいしょ》の時間に、「〝God is dead.〟と書いて、サインしなければ、次には進めない」と言って、八十人ぐらいの受講生全員に、それを書かせようとしたところ、ほぼ全員が書いたのですが、一人だけ、「どうしても書けません。私はクリスチャンなので、この言葉はどうしても書けないのです」という男子学生が出てきたわけです。

しかし、教授のほうは、「信仰《しんこう》を否定《ひてい》しているわけではない。信仰は、教会か家庭でしたらいいんだ。ここは大学であり、私の授業では哲学を教えているのだ」ということを言います。

さらに、「これから哲学で不可知論《ふかちろん》を教えるのだ。天才たちは、みな、神なんか信じていないのだ」ということで、天才の名前をズラーッと挙《あ》げていきます。そして、「〝God is dead.〟なんだ。ここから始まるんだ。人間の知の極限《きょくげん》についての話をしようとしているので、信仰を持ち込《こ》まれると授業が進まない」ということで、学生の言い分を認《みと》めないわけです。

さらに、その学生に対して、「君があくまでも署名しないなら、機会《きかい》を与《あた》えるから、『神は死んでいない』という、『神の存在証明《そんざいしょうめい》』をしてみたまえ。それができなかったら、君の単位《たんい》は少なくともＣ以下《いか》になる。したがって、君が希望《きぼう》しているロー・スクールへの進学はできなくなるぞ」というような条件《じょうけん》を付《つ》けました。

その学生は、その教授と対決することを決意するのですが、付き合っていた彼《かの》女《じょ》から、「なぜそんなバカなことをするのよ。形式的なことぐらい、何でもないじゃない。将来《しょうらい》、あなたとの結婚《けっこん》を考えて、わざわざ第三希望の大学に入ったのよ。それなのに、こんなサインができない程度《ていど》のことで単位を取れずに、ロー・スクールに行けないのであれば、もうあなたともお別《わか》れね」と言われて、別れなければいけなくなるのです。

そういう状況《じょうきょう》のなかで、その学生は、授業中に教授との激《はげ》しい論戦《ろんせん》をしていきます。教授が、「ホーキング博士《はかせ》が、著書《ちょしょ》で、『神は死んだ』という言葉をこう説明《せつめい》している」というようなことを述《の》べると、学生のほうは、「ホーキング博士の著書の五ページ目には、『哲学は死んだ』と書いてある。彼が正しいのなら、先生の講義も必要《ひつよう》ないでしょう」と言い返したりしていました。

これは、日本ではマイナーな映画かもしれませんが、私たちも、二〇一四年に似たようなことを経験《けいけん》しました。

それは、幸福の科学大学の認可《にんか》に関《かん》することでした。まさにこの映画にあったように、「学問を修《おさ》め、学位を取って卒業《そつぎょう》し、ロー・スクールに進んだり、就職《しゅうしょく》コースに乗ったりするためには、信仰を引っ込めなければならない」とか、「『神は死んだ』と宣言《せんげん》し、署名しなければならない」というのと似たようなケースを経験したわけです。

要するに、文部科学省《もんぶかがくしょう》としては、「既存《きそん》の大学にあるような学問の枠《わく》に収《おさ》まる学問を教える大学なら認める。しかし、霊言《れいげん》という、今、神から降《お》りている言葉や、高級霊《こうきゅうれい》から降りている言葉をベースにして、

2015年４月に開学した「ハッピー・サイエンス・ユニバーシティ（HSU）」。

加味《かみ》したような学問は存立しないから、認められない」という理由で認可しませんでしたので、ほぼ同じケースと言ってよいでしょう（注。その後、二〇一五年四月に「日本発の本格私学」である「ハッピー・サイエンス・ユニバーシティ（ＨＳＵ）」として開学した）。

『聖書《せいしょ》』に基《もと》づいて「神の存在証明《そんざいしょうめい》」をした主人公

なお、映画「神は死んだのか」では、主人公の学生は、初めのうちは大学内で孤立《こりつ》して戦《たたか》っていたのですが、だんだんに教会も絡んできて、信仰を持つ仲間《なかま》たちが応援《おうえん》していくかたちになりました。そして最後には、八十人ぐらいのクラスのほぼ全員が、「神は死んでいない」「神は生きている」ということを言います。要するに、その学生は教授とのディベートに勝って、授業は崩壊《ほうかい》するわけです。

映画の冒頭《ぼうとう》では、彼がその講義にエントリーする際、事務《じむ》の人が、「このクラスに入るのは、やめておいたほうがいい」と言って、ほかの二人の教授を勧《すす》めていました。「これは、コロッセウムでライオンと戦わされるようなものだから、もう〝命はない〟と思ったほうがいい。だから、入らないほうがいいですよ」と話していました。主人公が十字架《じゅうじか》をかけているのを見て、そのように勧めたわけです。

ところが、彼は、「いや、大丈夫《だいじょうぶ》です」と言って、そのクラスに入り、結局、『聖書《せいしょ》』を使いながら、神の存在証明《そんざいしょうめい》をしていったわけです。

実際は、大学で、『聖書』に基《もと》づいて哲学や科学の議論《ぎろん》をするのは、なかなか認められないと思いますし、そういうところで、アメリカも行き詰《づ》まっているのかもしれません。

ただ、映画のなかでは、無神論者《むしんろんしゃ》である中国の学生が、影響《えいきょう》を受けて神を信じるようになったり、イスラム教徒《きょうと》の女性《じょせい》がキリスト教の神を信じるようになったりと、いろいろな現象《げんしょう》が描かれてはいました。

3　「この道しかない」と言えるのは、神のみ

前述《ぜんじゅつ》したマララさんは、「宗教《しゅうきょう》の呪縛《じゅばく》から逃《のが》れて、女性《じょせい》にも自由が与《あた》えられ、教育が受けられるような社会が望《のぞ》ましい」「将来《しょうらい》は首相にもなりたい」「来年の夏休みには、母国へ帰省《きせい》したい」というようなことを述《の》べていました（注。マララさんは、二〇一二年の銃撃事件《じゅうげきじけん》後、故郷《こきょう》のパキスタンからイギリスに亡命《ぼうめい》している）。ところが、タリバンの過激派《かげきは》の人々は、「帰ってきたら、おまえを暗殺《あんさつ》する」と言って、すでに予告《よこく》しているわけです。非常《ひじょう》に恐《おそ》ろしい対立ではありますが、本当に混沌《こんとん》とした世界です。

私たちが生きている世界は、何かが完璧《かんぺき》な理想として存在《そんざい》するのではなく、そ

れぞれに欠《か》けたものがあり、また、満《み》ちているものがあります。そういう世界のなかに生きているのです。

日本では、ある政治家《せいじか》が、「この道しかない」というようなことを標語《ひょうご》にして、選挙《せんきょ》に大勝しました（注。二〇一四年の第四十七回衆議院《しゅうぎいん》議員総選挙で、自民党《じみんとう》の安倍総理《あべそうり》は、「景気回復《けいきかいふく》、この道しかない。」というスローガンを掲《かか》げた）。それも一つのやり方ではありましょう。

ただ、「この道しかない」と言えるのは、神のみです。人間が、「この道しかない」と言うのは、傲慢《ごうまん》に過《す》ぎると言わざるをえません。

人間ができるのは、幾《いく》つかの選択肢《せんたくし》のなかから、自分たちが、「よりよいものだ」と思うものを選《えら》ぶことのみです。これに対して、神の側《がわ》から、他の道が示《しめ》されたならば、「この道しかない」という言葉は、「間違《まちが》い」ということになると私は考えます。

4　今、神の声が降《お》りている

「一粒《ひとつぶ》の麦」から始まった幸福の科学の伝道《でんどう》

最近は、当教団《きょうだん》にも、教育面における「学問とは何か」「大学とは何か」というテーマと同時に、「政治《せいじ》において、宗教《しゅうきょう》の立場は成《な》り立つのか。信仰《しんこう》の立場は成り立つのか」というテーマが降《ふ》りかかってきました。しかし、そうした二つの大きなテーマは、まだまだ解決《かいけつ》されていない状況《じょうきょう》にあると考えています。

しかし、私は、あなたがたに、あえて申し上げましょう。

最初《さいしょ》は、ただの一粒《ひとつぶ》の麦にしかすぎないのです。

私自身もそうでした。一粒の麦であり、私自身に降《お》りてきた天上界《てんじょうかい》の啓示《けいじ》から、この宗教も始まったのです。

私がそれを悟《さと》ったということ、真理を学んだということ、習得《しゅうとく》したということを、人々に伝《つた》え、その内容《ないよう》を信じた人たちが、さらに自分の周《まわ》りの人たちに伝えていきました。そして、現在《げんざい》まで幸福の科学は大きくなってきたのです。

一粒の麦が、机《つくえ》の上に置《お》かれたままであるならば、何年たっても一粒のままです。その一粒の麦が、外でまかれても、岩の上にまかれたものは、すぐに枯《か》れてしまうでしょう。

また、痩《や》せた土地にまかれたものは、多くの実りをつけることはないでしょう。しかしながら、あるものは肥沃《ひよく》な土地に落ちて、百倍、二百倍、三百倍の実りをつけることになるでしょう。

これが伝道《でんどう》の本質《ほんしつ》です。

伝道とは、そういう「真理の種子《しゅし》」を宿《やど》したと思う人が、自分の身を投げ捨《す》てて、その場で、たわわな実りをつけようと努力《どりょく》することです。

残念《ざんねん》ながら、岩の上に落ちることもあるでしょう。

太陽の熱《ねつ》で枯れてしまうこともあるだろうと思います。

あるいは、水分のない、とても固《かた》い荒《あ》れ地に落ちることもあるでしょう。

一生懸命《いっしょうけんめい》に根を下ろそうと頑張《がんば》っても、やがて根も枯れ、実りを得《え》ないこともあるかもしれません。

しかし、あなたがたのなかに、百人に、二百人に、三百人にと、その真理の種《たね》を広げていける人は必《かなら》ずいると、私は信じています。

イエスの時代に神の声を聞いたのは、イエスただ一人

かつて、『旧約《きゅうやく》』の預言者《よげんしゃ》の時代にも、神の声を聞いた預言者は、ただ一人でした。

そのただ一人が、神の声を聞き、宣《の》べ伝え、それを信じた人たちが弘《ひろ》めたから

こそ、その内容が現代まで伝わっているわけです。

イエスの時代においてもそうでしょう。神の声を聞いたのは、イエスただ一人です。

そして、「イエスが聞き、イエスのなかにて、神は語った」ということを宣べ続《つづ》けています。

「私の業《わざ》を見て、天なる父の業を知れ」というようなことを、イエスは述《の》べましたが、弟子《でし》たちが、まったく同じことをできたわけではありません。

つまり、イエスを通してのみ、神はその言葉を語られ、それを聞いた人たちのなかで、その言葉を信じた者たちが押《お》し広げていったわけです。

イエスが生まれたところは、現在で言う中東のパレスチナやイスラエルあたりだとされますが、そこは、いろいろな混乱《こんらん》が起きている、非常《ひじょう》に穏《おだ》やかならざる地域《ちいき》でした。

当時、そうした戦乱《せんらん》の渦中《かちゅう》にあり、その後、二千年たっても争《あらそ》いが収《おさ》まらない地域に生まれた人の教えが、ヨーロッパやアメリカ、さらには日本にも伝わってきているわけです。

その教えが花開いたところもあり、花開かなかったところもあるでしょう。ただ、その教えを信じた者が、伝道によって押し広げていくことで、全世界に十億《おく》、二十億と信者が増《ふ》えてきたことは確《たし》かなのです。

5　真理によって「学問の限界《げんかい》」を踏《ふ》み越《こ》えよ

この世の「常識《じょうしき》」は「神の真実」とかけ離《はな》れている

私も、日々、真理の種《たね》をまき続《つづ》けています。

二〇一六年は、立宗《りっしゅう》（一九八六年）から三十年、その前の大悟《たいご》（一九八一年）から数えれば三十五年になります。確《たし》かに、一粒《ひとつぶ》の種は、数多くの人々に広がっています。日本全国に、そして全世界に広がりつつあるのです。

しかしながら、その広がりにおいては、まだまだ十分ではないと、みなさまも感じていることでしょう。

それは、先ほど述べたように、この二十一世紀初頭《せいきしょとう》において「常識《じょうしき》」とされていることが、「神の《の》真実」とは非常《ひじょう》にかけ離《はな》れているからです。

教育においても、高等教育になってきたら、「教育の場からは、信仰《しんこう》や神、真理という宗教的なるものは追い出し、サイエンスの名においてまとめられるような学問以外《いがい》は教えてはならない」ということが、普通《ふつう》になりつつあります。

もしかしたら、その考え方は、タリバンに怯《おび》えているイスラムの少女たちにとって福音《ふくいん》になるかもしれません。彼女《かのじょ》たちが、「顔を隠《かく》し、勉強することに怯えなければならない」という世界から逃《のが》れることができるならば、それは福音となりましょう。

しかし、教育のなかから信仰を放逐《ほうちく》してしまうのであれば、これもまた、大きなものを見失《みうしな》うことになるのではないかと思います。

さらには、近代の政治《せいじ》においても、いろいろな政治的テクニックや原理が発明されることによって、まるで「神なき時代」を生きるかのように、人間だけでさまざまなものが決めていけるようになってきました。それはそれなりに、一つの知恵《ちえ》ではありましょう。

確かに、神なき時代には、王様が神の代《か》わりに国を統治《とうち》していたこともありましたし、悪王のために、数多くの人たちが苦しんできたことも事実です。歴史的《れきし》には、悪王のほうが多かったかもしれません。

そういう不幸《ふこう》を避《さ》けるために、「民主主義《みんしゅしゅぎ》」という制度《せいど》が成立してきたのです。

ただし、気をつけないといけないのは、人間の考えたことが、神の創《つく》られた世界や、神の創られた真理、宇宙《うちゅう》のルールをも破壊《はかい》する方向へと行きかねない事態《じたい》が出ているということです。

近代啓蒙《けいもう》時代においては、神そのものや、神の化身《けしん》であった方々をも、数多く処刑台《しょけいだい》に送ったのではないでしょうか。それが、近代の政治学の流れであったと思われます。

しかし、地上の人間では、真実の善悪《ぜんあく》を判断《はんだん》するだけの智慧《ちえ》は出てきません。その真理を理解《りかい》するのに、数百年、あるいは、千年以上の時間がかかることさえあるのです。

そのため、「現代《げんだい》において、同時代において、誤解《ごかい》されるから、そんな話は説《と》かないほうがいい。真理を引っ込《こ》めたほうがいい。〝槍《やり》〟を隠し、笑顔《えがお》だけで人々と仲良《なかよ》く過《す》ごしているように見せたほうがいい」と考える人もいるでしょう。

「信仰を隠し、神の真理を隠し、宗教的信条《しんじょう》を隠して、職業的《しょくぎょう》成功《せいこう》や、この世的な調和だけを取ったほうが、よほど利口《りこう》ではないか」と考える人が数多くなってくることも、ある意味では理解できます。

ただ、残念《ざんねん》です。非常に残念です。

「人間のそもそもの成り立ち」「なぜ人間が生まれ、生きてきたのか」「なぜ歴史をつくってきたのか」「なぜ現在《げんざい》、存在《そんざい》するのか」、こうしたことを説明できないままに、わずか数十年の人生をよりよく生きることのみが最高《さいこう》善であるならば、また、それが学問の限界《げんかい》であるならば、われわれは、その学問の限界を踏《ふ》み越《こ》えていかねばならないのではないでしょうか。

私は、そのように思います。

真理は強くなければならない

地上の人間の数によって、つまり、彼らが合意し、応援《おうえん》し、賛成《さんせい》した数によって、真理が決まるわけではありません。

真理は、天上界《てんじょうかい》において決まっています。

それを、地上の人間が受け止めることができるかどうかです。

この地上では、ときに、十億《おく》人を超《こ》える人間が、一人の悪魔《あくま》に支配《しはい》されることすらあります。その一人の悪魔に支配された国家に対して、無力《むりょく》な学生たちが立ち向かうというようなこともあるのです。

その結果《けっか》、「強制力」という名の暴力装置《ぼうりょくそうち》においては絶対《ぜったい》に勝ち目がないために、彼らの自由を求《もと》めた戦《たたか》いは敗《やぶ》れ去《さ》り、排除《はいじょ》される事態も出てきています。

しかし、戦ったことが無駄《むだ》になるわけではありません。

戦ったこと自体は、「その悪を明らかにした」という歴史的な行動になり、また、「他の国に対する多くの教訓《きょうくん》をそこに示《しめ》した」と言えるのではないかと、私は考えています。

真理は、強くなければなりません。

この世においては、「信仰を持つ者、宗教を信ずる者は弱き者である。藁《わら》にもすがる、か弱い存在だ」と思われがちです。

「合理的に考えることができず、論理《ろんり》的に考えることもできず、科学的実証精《じっしょうせい》神《しん》を持たず、知的水準《すいじゅん》が低《ひく》く、多くのまともな学問的知識を持っている人たちに導《みちび》いてもらわなければ分からないような、無知文盲《むちもんもう》の人たち」のように思われているのでしょう。

そうした現代のなかで、神の真理を求め、それを手にした人たちは、やはり、強くならなければならないと思うのです。

また、私たちの政治的な活動においても、もう六年余《あま》り取り組んでいますが、なかなか果実は実りません。

しかしながら、私は繰《く》り返し、あなたがたに申し上げます。

原理は、一つなのです。

一粒の麦が百粒になるか、二百粒になるか、三百粒になるか。そのように増《ふ》えるかどうか。これが、伝道《でんどう》において成功するかどうか、宗教において大きくなるかどうかを決めます。

同じことが、ほかでも言えるのです。

政治においても、神の真理だと思うことを宣《の》べ伝える人が、百人に増え、二百人に増え、三百人に増えていくこと。これが、神の真理をこの地上において成就《じょうじゅ》するということです。まったく同じなのです。

教育においてもそうでしょう。

「真理を信じる人が、排斥《はいせき》されるのではなく、それを正しい学問的成果に結《むす》びつけながら、人々を啓蒙していく」という文明実験《じっけん》を力強く推《お》し進め、人々にその道を知らしめることが正しいあり方だと、私は信じてやみません。

God《ゴッド》 is《イズ》 alive《アライヴ》.（神は生きている）

この世の中には、啓蒙の時代が行きすぎて、神に代わってすべてのことが分かったように思っている人もいることでしょう。

学者のなかで天才と呼《よ》ばれるような人たちは、はっきり言って、「神は死んだ」と言う代わりに、「自分が神だ」と言っているのと同様の発言をしている人もいると思うのです。それぞれの領域《りょういき》で、「自分こそが神だ」「自分が神だから、神など必要《ひつよう》ない」と、そのように述べているのではないでしょうか。

しかし、ここに一つの大きな傲慢《ごうまん》があります。

傲慢の罪《つみ》は、「進歩を止《と》める」ということです。まだまだ未知《みち》の領域が、はるか彼方《かなた》まで広がっています。それを認《みと》めずして、それぞれの学問領域や、あるいは、政治の領域で、現在、自《みずか》らが最高峰《ほう》の神になったように考える人がいるならば、そこが行き止まりだということです。

人間は、謙虚《けんきょ》でなければなりません。謙虚さのなかに、未来は開けてきます。

God《ゴッド》 isn't《イズント》 dead《デッド》.（神は死んでなどいません。）

God《ゴッド》 is《イズ》 alive《アライヴ》.（神は生きています。）

God《ゴッド》 does《ダズ》 keep《キープ》 silence《サイレンス》, but《バット》 God《ゴッド》 is《イズ》 alive《アライヴ》 and《アンド》 God《ゴッド》 is《イズ》 loving《ラヴィング》 all《オール》 the《ザ》 people《ピープル》 of《オブ》 the《ザ》 world《ワールド》. I《アイ》 think《スィンク》 so《ソー》. Thank《サン》 you《キュー》.（沈黙《ちんもく》を守ってはいますが、神は生きており、世界中の人々を愛《あい》しているのです。私はそう思います。ありがとうございました。）

智慧《ちえ》の視点《してん》から「愛《あい》」と「正義《せいぎ》」を考える

愛《あい》とは重要《じゅうよう》なものであり、
他の人を愛するのは、とても素晴《すば》らしいことです。
「隣人《りんじん》を愛する」というのは非常《ひじょう》に難《むずか》しいことですが、
たいへん重要です。
それは、歴史《れきし》的に、「神の命令《めいれい》」なのです。
一方、私たちは、「正義《せいぎ》もまた非常に重要である」と考えています。
世界には約《やく》二百カ国があり、
幾《いく》つかの国家間で、数多くの対立が起きています。

それが、ときおり戦争《せんそう》に発展《はってん》しています。
その際《さい》には、「正しいか、間違《まちが》っているか」ということを
普遍《ふへん》的な観点《かんてん》から判断《はんだん》すべきです。
そういうときには正義が必要《ひつよう》なのです。
要するに、愛は大切ですが、
「どのような愛を他の人々に与《あた》えるか」ということは、
智慧《ちえ》をもって考慮《こうりょ》すべきなのです。
もし、悪霊《あくれい》の影響《えいきょう》による悪事が数多く起きているならば、
それを止《と》めるべきです。
悪行《あくぎょう》を止めることは善《ぜん》です。それは正義なのです。

私たちは智慧を求《もと》めています。
智慧の視点から愛を考えるべきなのです。
特《とく》に、二国間の関係《かんけい》においては、智慧が必要です。
ただ、これは非常に難しいことです。
どの国にも、固有《こゆう》の問題があり、
それぞれに事情《じじょう》があるため、たいへん難しいのです。
しかし、私たちは、「何が正しいのか」ということを探究《たんきゅう》し、
「智慧の力」によって、正義を確立《かくりつ》しなければなりません。
そして、この意味において、
「何が愛なのか」ということを考えるべきなのです。
「多くの人々にとっての愛」と「個人《こじん》的な愛」とは少し違います。

いや、かなり違います。
もし、智慧の不足《ふそく》によって、国が破壊《はかい》されるならば、
それは愛ではないと思います。
また、智慧の不足によって、もし、悪《あ》しき国が他国を侵略《しんりゃく》し、
多くの人々がその悪しき侵略によって苦しむのならば、それは悪です。
そのときには、国連《こくれん》や他の大国が、
その悪事を止めるべきなのです。それが正義です。
私たちは、愛について、「個人的なもの」と考えがちですが、
国際政治《せいじ》において、戦争や内戦が起きた場合には、
智慧の視点から正義を求めなければなりません。

――『Power《パワー》 to《トゥ》 the《ザ》 Future《フューチャー》』「Love《ラブ》 and《アンド》 Justice《ジャスティス》」和訳《わやく》より

Conflict between
Religion and Materialism

第2章

宗《しゅう》教《きょう》と唯《ゆい》物《ぶつ》論《ろん》の相《そう》克《こく》

人間の魂《たましい》を設《せっ》計《けい》したのは誰《だれ》なのか

2013年11月10日　幸福の科学・東京正心館にて

1　天変地異《てんぺんちい》が多発している地球

二年ほど前に、私はタイで講演《こうえん》をする予定でした（二〇一三年十一月十日）が、その前月に台風が直撃《ちょくげき》して大規模《だいきぼ》な水害《すいがい》が発生し、さらに、スーパー台風がフィリピンからベトナムに上陸《じょうりく》するような状況《じょうきょう》だったために、中止となりました。

その台風の動きは、地球の自転や、その季節《きせつ》の大気等を考えれば、普通《ふつう》ではありえないことでした。通常《つうじょう》であれば、フィリピンから真西《まにし》のベトナムに入り、そのあとタイの上空に来て、講演会の予定地を直撃するところだったのですが、角

2013年、フィリピンに大被害をもたらしたスーパー台風を霊査した『フィリピン巨大台風の霊的真相を探る』（幸福の科学出版）

度を九十度変《か》えて、中国へ向かっていきました。

最近《さいきん》は水難《すいなん》も多いようで、地球上のさまざまなところで水や風による被害《ひがい》が増《ふ》え、荒《あ》れています。

これは、地上のさまざまな〝揺《ゆ》らぎ〟とともに、天変地異《てんぺんちい》もさまざまなかたちで起きているのではないかと思われます。

余談《よだん》ですが、本法話《ほうわ》を行った日の朝も、東京のほうで地震《じしん》がありました。私がお風呂《ふろ》に入っていたときにグラグラッと揺れたので、一瞬《いっしゅん》、裸《はだか》で走り出すかどうかを考えたのですけれども（笑）、あまり笑い話になってはいけませんし、「いずれ終わるだろう」と思って待っていたら収《おさ》まりました。

台風・地震・火山噴火《ふんか》などはつながっていて、全体的に何か嫌《いや》な感じが覆《おお》っているような気がします。

2　宗教《しゅうきょう》対立を終わらせるために

宗教《しゅうきょう》の対立を見たときの受け止め方は、人によって異《こと》なる

実は、幸福の科学が戦《たたか》っている相手は、世界中の唯物論《ゆいぶつろん》なのです。これは大変《たいへん》なことで、放っておくと数は増《ふ》えていく一方です。現代《げんだい》の教育体系《たいけい》、あるいは、仕事の発展《はってん》のかたちなどを見ると、唯物論者が増えていく方向にあります。そのため、これと戦わなければならないのです。

典型《てんけい》的な例《れい》を一つ挙《あ》げるとすれば、『利己《りこ》的な遺伝子《いでんし》』という本を書いて有名になった、リチャード・ドーキンスという方がいます。

二〇〇一年に、イスラムのアルカイダ系テロリストが、ワールドトレードセン

ターに旅客機《りょかくき》で突《つ》っ込《こ》み、アメリカ中を震撼《しんかん》させた「九・一一事件《じけん》」がありましたが、ドーキンスは、その直後に、『神は妄想《もうそう》である』という本を書くことを決意しているのです。あの事件を見て、「本当に、宗教《しゅうきょう》なるものがこの世からなくなったら、どんなにすっきりするだろうか」と思い、一通《ひとと》り宗教の研究もした上で、いかにそれが間違《まちが》っているかを一生懸命《いっしょうけんめい》に書いて、全米《ぜんべい》でベストセラーになりました。

リチャード・ドーキンス（1941～）イギリスの生物学者。ネオダーウィニズムの流れを汲む進化論を提唱している。

私も以前《いぜん》、そのワールドトレードセンターのなかで働《はたら》いていたことがあるだけに、あそこで青春時代を送った者としては、「九・一一事件」は非常《ひじょう》に残念《ざんねん》で悲しい事件でした。時期が違っていれば、私も瓦礫《がれき》の下になっていたかもしれません。

もともと、ワールドトレードセンターは「二百年は使える」とされていたので、賃貸契約《ちんたいけいやく》等も二百年ぐらいの契約を取っていて、入居者《にゅうきょしゃ》もそのつもりで入っていたところが多かったのです。ただ、家賃が高かったため、私が以前に働いていた会社は、たまたまミッドタウンの中ほどに引っ越《こ》していて、被害《ひがい》は出ませんでした。

そのような同じ事件を見て、「もう宗教なんか結構《けっこう》」と思う科学者もいる一方で、私は逆《ぎゃく》に、「だからこそ、新しい宗教が必要《ひつよう》なのだ」と考えました。

今回、対立したのも、昔に起きた旧《ふる》い宗教（キリスト教とイスラム教）であり、それぞれが別々《べつべつ》に発祥《はっしょう》しているため、考えや意見などが違ってぶつかるところがあります。それが、その後、変更《へんこう》できないまま現代まで来てしまい、これほど文明が交錯《こうさく》し交流する時代になると、お互《たが》いに矛盾《むじゅん》するところが対立点となって、憎《にく》しみや戦いを呼《よ》ぶようなことも起き始めます。

そこで、私は、「今こそ本当に、『天上界《てんじょうかい》の意向《いこう》とは何か』ということを明らかにして、宗教界にもイノベーションを起こさなければならない。新しい宗教が必要とされる時期が来た」と考えたのです。

ですから、この世で起きた事件は同じでも、それをどのように受け止めるかは、それぞれなのです。

この世からさまざまな対立を減《へ》らそうとしている幸福の科学

古典的な宗教嫌《ぎら》いの人の見解《けんかい》として、「宗教があるから戦争《せんそう》がたくさん起きるのだ」という意見は多くあります。

しかし、そのように考え方を狭《せま》くしたのは、人間たちが積《つ》み重ねてきた文化であり、オリジナルの教えを変更できずにそのままでいるために、起きていることでもあります。

原理主義《しゅぎ》のように、もともとの教えを長く守り続《つづ》けていると、社会が変わってきたときに合わなくなる部分が出てきて、ほかのものとぶつかるようになります。

そして、あとから新しい宗教が起きると、そうしたものとも矛盾してくることがあるのです。

したがって、今、私たちは何とかして、その宗教対立を超《こ》えようと活動しています。

過去《かこ》の宗教も、二千年、二千五百年、あるいは三千年以上もたつと、はっきり言って、現代ではさすがに時代的に合わなくなっている内容《ないよう》がそうとうあるので、これにも見直しをかけようとしています。

これについての見直しをかけることは、それほど簡単《かんたん》にできるものではなく、そうとうの権威《けんい》がなければできませんが、そういうことをしようとしているのが、幸福の科学なのです。

科学は、ここ二、三百年で急速に発達《はったつ》したものではありますが、私たちは決して、科学そのものを否定《ひてい》するものではありません。「宗教と科学は対立している」

と考えているわけではないのです。旧い宗教には、現代の科学と合わない部分もたくさんあるでしょうが、「それならば、未来《みらい》の科学を教えましょう。そうすれば、宗教と科学は対立しなくなるでしょう」と考えているのです。

すなわち、「未来の科学はこのようになるべきだ」と教えることによって、宗教と科学は矛盾しなくなり、むしろ、力を合わせることも可能《かのう》になるのではないか、と考えているのです。

したがって、私たちは、異質《いしつ》であるためにぶつかり合っているものについては融合《ゆうごう》を目指したり、時代がずれたために、現在合《げんざい》わなくなっているものに関《かん》しては、イノベーションをかけたり、あるいは、未来から逆照射《しょうしゃ》をして、そこから見た「あるべき姿《すがた》」を考えたりしています。そのようなかたちで、この世から、さまざまな矛盾、混乱《こんらん》、誤解《ごかい》、あるいは、憎しみや対立を減《へ》らしていこうという運動をしているのが、幸福の科学なのです。

「目に見えないもの」について教えない現代《げんだい》の教育

現代《げんだい》においては、科学者をつくる教育はずいぶんされており、教育界においても、半分近くが理系を出ているでしょう。理系のほうは、扱《あつか》うものが物質あるいは物体といった、この世のものが多いため、この世で目に見えるかたちのものを長く追究していると、「見えないもの」については分からなくなることがあります。しかし、それは単に、勉強をしていないか、教育が足りていないかだけのことでもあるのです。

私は、何かを研究することは結構だと思っています。

例えば、飛行機《ひこうき》をつくる人が、どのような機体をつくり上げるのがよいかということについて、材質《ざいしつ》やなかの構造《こうぞう》など、いろいろと考えるのは当然《とうぜん》のことであり、そのようにしなければいけないと思います。

　また、車をつくるにしても、車体の構造や、「どうすれば安全でスピードが出るものをつくれるか」、あるいは、「よいデザインのものをつくれるか」というように、物に熱中《ねっちゅう》することは当然だと思うので、それを否定するつもりはまったくありません。

　ただ、「物」に熱中しても構わないのですが、「心」を忘《わす》れてはいけないし、また、その奥《おく》にあるところの「魂《たましい》」の存在《そんざい》を、決して忘れてはならないのです。やはり、人間の本来の魂としての姿を忘れ、この世のものだけにとらわれてはいけません。

　「この世を便利《べんり》にする」ということについては、幸福の科学もそういう考え方を持っており、十分に推進《すいしん》しています。

　私たちとしては、新幹線《しんかんせん》が速く走っても、ジェット機が飛んでも、何も困《こま》りません。世の中が便利になることは、まったく困らないのです。食べ物が豊富《ほうふ》にな

いますし、さまざまな職業《しょくぎょう》ができることも結構なことだと思ってい

ます。そういうことについては基本的《きほん》に肯定《こうてい》しています。

ただ、それが、人間が心を失《うしな》ったり、本来の姿である魂の存在を見失ったりす

るようになってはいけないということを、併《あわ》せて説《と》いているのです。

幸福の科学は今、「世界革命《かくめい》」を起こそうと挑戦《ちょうせん》している

そのため、そうしたことを肯定しつつも、霊言集《れいげんしゅう》シリーズ等を出して、「霊は存在する」ということを一生懸命に証明《しょうめい》しようとしているわけです。それは単純《たんじゅん》なことではありますが、ここまでまとまって、さまざまな霊の言葉を伝《つた》えたことは、人類史上《じんるいしじょう》、前例がないでしょう。

これについて、オール・オア・ナッシングという考えでいくならば、ある意味においては、人類を二分して、「嘘《うそ》か本当か」という踏《ふ》み絵を迫《せま》っていることに

なるだろうと思います。

霊というものは、なかなか自分たちで確《たし》かめることができないものであるため、何とも意見が言えず、黙《だま》っている人が多いのは実際《じっさい》のところでしょうが、気がつけば、次第《しだい》しだいに、日本中が霊界《れいかい》の存在を認《みと》めざるをえない方向へと誘導《ゆうどう》されつつあるのは事実です。一個《こ》一個の積み重ねが、そういうかたちになりつつあるのです。

これを「フィクションでできる」と言うのであれば、どうぞやってみてください。おそらく、できないでしょう。

霊言の内容については、基本的にすべて公開しており、証拠《しょうこ》があります。ですから、二百人ぐらいで分担《ぶんたん》して、一冊《さつ》ずつ調べて書いているわけではありません。物書きであれば、それが大変なことであることは分かるはずです。

ちなみに、最近《さいきん》では、一日一回の収録で本一冊分になることがかなり多くなってきているため、十分に〝重い〟のです。物書きであれば、一回の話で本一冊をすべて完成《かんせい》させてしまうことの難《むずか》しさも、よく分かるでしょう。今、それを実証として積み重ねていっているわけです。

それが「幸福の科学の挑戦《ちょうせん》」でもあるし、ある意味での「世界革命《かくめい》」を起こそうとしているということでもあるのです。

3 小乗仏教《しょうじょうぶっきょう》の間違《まちが》いを正す

「仏陀《ぶっだ》は再誕《さいたん》しない」と信《しん》じている小乗仏教《しょうじょうぶっきょう》の人々

今、世界を見ると、イスラム圏《けん》も「自由化の波」でグラグラと揺《ゆ》れ始めていますし、また、仏教圏《ぶっきょうけん》も多少グラグラと揺れ始めてきています。

インドなどでも、幸福の科学だけではなく、「新しい仏教を信《しん》じる人が増《ふ》えてきている」ということがニュースで報道《ほうどう》されていました。これは、インドのカースト制《せい》を打ち破《やぶ》るためには、やはり、仏教的なものでなければその方法《ほうほう》がないということなのです。そういうことで、仏教のニーズが出てきています。

スリランカやタイなどは、いまだに小乗《しょうじょう》仏教のままですが、これなども、そういう構造改革《こうぞうかいかく》を迫《せま》らなければならないものがあるでしょう。

小乗仏教は、仏陀《ぶっだ》のオリジナルの原理的な教えを、ひたすら忠実《ちゅうじつ》に伝《つた》えているところは、ほめられるべきことでもあるのですが、解釈《かいしゃく》的に間違《まちが》ったものも、そのまま定着して遺《のこ》っている部分があります。

要《よう》するに、小乗仏教の問題点は、極端《きょくたん》なほうに流れると、「この世は悪魔《あくま》がつくった世界だから、転生輪廻《てんしょうりんね》で地上に生まれ変《か》わってくることなど、苦しみにすぎず、悟《さと》って涅槃《ねはん》に入《い》り、もはや、この世に帰ってこないのがいちばんよいことなのだ」「この世は悪魔の世界だと思って、もはや帰ってこないようにすることがいちばんの悟りなのだ。仏陀は涅槃に入ったのだから、もうこの世には帰ってこないのだ」というように言うところなのです。

このような〝信仰《しんこう》〟を立てられると、私は行きにくくてしかたがありません。タイに行って話をしようかとも思うのですが、九十五パーセントもの人々が、「仏陀は再誕《さいたん》しない」という教えを一生懸命《いっしょうけんめい》に信じているところでは、本当にやりにくいのです。

ただ、これを頭から否定《ひてい》することは、また難《むずか》しいものがあります。すでに、そうしたかたちで二千年以上《いじょう》も続《つづ》いているため、それらを否定すると、その伝統《でんとう》文化をすべて破壊《はかい》することになりかねません。

日本とタイは、共《とも》に仏教国として友好関係《ゆうこうかんけい》を促進《そくしん》し、経済《けいざい》的にも成長《せいちょう》関係にあり、また、タイへの投資《とうし》の三分の二程度《ていど》は日本からのものになります。その友好関係は維持《いじ》しなければいけませんし、伝統文化をどこまで破壊してよいかという、兼《か》ね合いを考える必要《ひつよう》があります。「再誕の仏陀あり。おまえたちのやっている小乗仏教には間違いがあるから、捨《す》てよ」ということであれば、波風が立つので、どのようなかたちで説明《せつめい》をするかには考慮《こうりょ》が要《い》るでしょう。

いずれにしても、タイでは私の仏教的な本の翻訳《ほんやく》も遅《おく》れているので、もう少しタイ語などへの翻訳を進めて、地《じ》ならしをしなければいけないと思っています（注。その後、二〇一五年九月にタイ語での翻訳本として『大悟《たいご》の法』『仏陀再誕』『釈迦《しゃか》の本心』の三冊を発刊した）。

〈左から〉タイ語版『大悟の法』『仏陀再誕』『釈迦の本心』

仏陀《ぶっだ》は「生まれ変《か》わり」を否定《ひてい》しているわけではない

同じ小乗仏教《ぶっきょう》の国であっても、スリランカの場合は、インドとかなり近いこともあってか、巡錫《じゅんしゃく》して説法《せっぽう》をした際《さい》、事前に、「仏陀《ぶっだ》が再誕しないと思う人は聴《き》きに来ないでください」と告知《こくち》をしても、僧侶《そうりょ》がゾロゾロとたくさん来ていました（注。二〇一一年十一月六日、スリランカに巡錫し、「The《ザ》 Power《パワー》 of《オブ》 New《ニュー》 Enlightenment《エンライトゥンメント》（新しき悟りの力）」と題して英語で講演した）。

一方、タイの場合、国民《こくみん》のなかでも特《とく》に男子は、ほとんどが「若《わか》いうちに一回は、何カ月間か出家《しゅっけ》をする」という制度を採《と》っているために、小乗仏教を経験《けいけん》している人が数多くいます。その間は、頭を剃《そ》り、オレンジ色の布《ぬの》をまとって托鉢《たくはつ》生活をするので、「結婚《けっこん》をしてはいけない、お金を手で触《さわ》ってもいけない」というような、二千五百年前からの昔の教えをそのままの習慣《しゅうかん》で行《おこな》っているのです。

そのような目で、日本やその他の大乗《だいじょう》仏教を見ると、非常に堕落《だらく》した不潔《ふけつ》なものに見えるようです。

これに対しては、何とかして説得《せっとく》しなければいけないと考えています。やはり、物事《ものごと》には本質《ほんしつ》的なものと、そうでないものとがあり、本質的なところで〝駒《こま》〟を落とし、そうでないところで得点を取っても、駄目《だめ》だと思うのです。

作法《さほう》的なところや小さな戒律《かいりつ》などを一生懸命に守っても、本質的なところがボコッと抜《ぬ》けているのであれば、話になりません。

例《たと》えば、死んであの世に還《かえ》り、涅槃に入ることを、もし、「無《む》になること」のように考えているのであ

2011 年にスリランカで行われた巡錫説法では、参加者の約１万３千人のうち 90 パーセントが小乗仏教徒。大半が仏陀再誕を信じていないという聴衆に向け、あえて、"Devils deny the reincarnation of Buddha ; He is their enemy." と説いたところ、終了後、約７割の１万人が幸福の科学に入会した。（『大川隆法 スリランカ 巡錫の軌跡』〔幸福の科学出版〕参照）

れば、これは大きな問題です。

仏陀が説《と》いた、「転生輪廻《てんしょうりんね》を断《た》ち切って、実在《じつざい》の世界で涅槃に入る」という考え方を、易《やさ》しい言葉で簡単《かんたん》に言うとするならば、要するに、「本来、この世は仮《かり》の世であって、あの世が実在の世界なのだ。私たちは、実在の世界から仮の世であるこの世に生まれてきて、この世という学校で勉強をし、そして、何らかの魂《たましい》的な磨《みが》きを得《え》て、本来の世界に還るのだ」ということを言っているだけです。すなわち、「あちらの世界が、本来の世界だ」と言っているだけなのです。

それは、「こちらの世界があってはならない」、または「こちらの世界に生まれてはならない」「二度と戻《もど》ってはこない」というような意味ではありません。そういうことではないのですが、勘違《かんちが》いをしているのです。

要するに、「霊界《れいかい》が実在の世界だ」という考え方が、「この世はすべて悪魔の世界である」、あるいは「生まれてこないほうがよい世界だ」などというように、固定的《こてい》に考えるものであるならば、その考えには間違いがあるので、直してもらわなければいけないでしょう。

これを、どのようなかたちで布教《ふきょう》していくかということを、私は今、考えているところです。


「悟《さと》った人は救済《きゅうさい》のためにこの世に戻《もど》ってくる」という大乗仏教《だいじょうぶっきょう》

それにしても、なぜ、「仏陀《ぶっだ》がこの世に帰ってくる」ということを、それほど嫌《いや》がるのでしょうか。私には、それが理解できないのです。

仏陀がこの世に帰ってこなくて得をする人は、いったい誰《だれ》でしょうか。私は、それを訊《き》きたいのです。「悟《さと》ったら、もう二度と、絶対《ぜったい》にこの世には帰ってこられない」ということであれば、誰が得をするのでしょうか。

それは、仏陀が説法をすると被害《ひがい》を受ける人でしょう。では、「被害を受ける人」とは、いったい誰なのでしょうか。

つまり、これは、「悪魔の世界にはもう手を出さない」という約束《やくそく》になるのです。「悟りを得たら、悪魔の世界にはもう二度と手を出しません」という証文《しょうもん》を書いて、お渡《わた》しすることになるわけです。

しかし、その悟りは何かがおかしいのです。これでは、「悟ったからには、悪魔の世界には、もはや二度と手を出しませんし、この世には二度と帰ってきません」ということになってしまいます。

例えば、警察《けいさつ》が、「いくら泥棒《どろぼう》が入っても、もう二度とこの家には近づきません」と約束をしているようなものでしょうか。これでは、やはり何かがおかしいのです。

これは、仏教の経典《きょうてん》を編纂《へんさん》し、教えを広げていく過程《かてい》において、何らかの解釈的なすり替《か》えがあったものと判断《はんだん》されます。

さらに、それが、唯物論《ゆいぶつろん》が近現代《きんげんだい》になって強くなってきたことと融合《ゆうごう》している面もあるのでしょう。

つまり、唯物論のほうが科学的に見えてきて、「『魂がある』などというのは、非科学的で恥《は》ずかしいことだ」「信仰を持っていることは恥ずかしいことだ」という考えを持つ人が増えてきたことが、一緒《いっしょ》になってきているところもあるのではないかと思うのです。

ですから、タイなどは、国民の九十五パーセントが小乗仏教徒《ぶっきょうと》だったとしても、もう一回、何らかのかたちで〝兜割《かぶとわ》り〟をしなければいけないと思っています。「仏陀には、この世に帰ってきてほしくない」と言うのは悪魔に支配《しはい》されているような人であり、そういう人は仏陀に帰ってきてもらっては困《こま》るわけです。しかし、人々を救《すく》うためにも、教えを説く人には、ときどきこの世に帰ってきて、仕事をしてもらわないと困るのです。

これに対し、浄土真宗系《じょうどしんしゅうけい》では、「悟った人は、修行《しゅぎょう》としてはこの世に戻《もど》ってくる必要がなくなるが、衆生《しゅじょう》への慈悲《じひ》の思いで、救済《きゅうさい》のために、この世に帰ってくるのだ」というような教えを説いています。

これは大乗《だいじょう》仏教における仏教の修正《しゅうせい》かと思われますが、基本《きほん》的な考え方としては、そのように考えてよいかと思います。

この世の中には、不浄や苦しみがたくさんあるかもしれません。しかし、それらをただただ捨てればよいのではなく、この不浄の世の中をできるだけ浄化していくことが大事な仕事なのです。

そのように、泥沼《どろぬま》のなかから蓮《はす》の花をたくさん咲《さ》かせることが大事な仕事であるので、「仏陀はこの世を見捨てたわけではないのだ」ということを、知ってほしいと思います。

4 「進化を設計《せっけい》した人」は誰《だれ》か

「魂《たましい》の正体はDNA」という科学者の誤《あやま》り

唯物論者《ゆいぶつろんしゃ》、あるいは、科学的な見方からすれば、過去《かこ》の宗教《しゅうきょう》というのは、いろいろなかたちで〝間違《まちが》い〟を暴《あば》くことができるものかもしれません。

例《たと》えば、先ほど述《の》べたドーキンスという科学者も、「九・一一」の事件《じけん》以降《いこう》に出した本のなかで、キリスト教を攻《せ》めていました。

例えば、「いかなる医者であれ、生物学者であれ、以下のことを証明《しょうめい》してみよ。イエス・キリストは処女《しょじょ》マリアから降誕《こうたん》したという。ならば、イエス・キリストのDNA鑑定《かんてい》をしたとして、女性《じょせい》からもらった遺伝子《いでんし》だけがあって、男性からもらった遺伝子はないということが証明できるのか」というようなことを書いています。

また、「『死んだ人を蘇《よみがえ》らせた』というけれども、医者や生物学者などは、それを科学的事実として認《みと》めることができるのか」「『イエスが墓場《はかば》に葬《ほうむ》られてから三日後に蘇った。そして、人前《ひとまえ》に出てきて、歩き、ご飯《はん》も食べた』ということを、どの医者が証明するのか。そんなことができるのか。そして、『蘇ったにもかかわらず、空中に舞《ま》い上がって消えてしまった』ということが信《しん》じられるのか」など、幾《いく》つか並《なら》べていました。

もちろん、時間の流れのなかで、神話的に拡大解釈《かくだいかいしゃく》されている面はそうとうあるとは思いますが、そのようなことだけをあげつらって言うのは問題があると私は思うのです。

逆《ぎゃく》に、次のように言うこともできるわけです。

イエスのＤＮＡに、父親のものがまったく入っていないかどうかを証明することは、今の時点では難《むずか》しいことでしょう。ただ、そのドーキンスという人は、「ＤＮＡこそ魂《たましい》の正体だ。ＤＮＡが連鎖《れんさ》して次々とくっつき、男女の間で生まれ変《か》わってくるので、魂の正体はＤＮＡだ」と言っているわけですが、ここで、「ちょっと待った！」と言いたいところです。ＤＮＡなどというようなものは二十世紀《せいき》から言い出したことであって、そんなものは、知っていようがいまいが、・・・・・・もともとあったものなのです。

母親のお腹《なか》のなかに工場のようなものがあって、マジックハンドで赤ちゃんをつくったわけではないでしょうし、それをプログラミングして、「このようにしたい」という設計図《せっけいず》をすべてインプットしてつくったわけでもないでしょう。なぜかは知らないけれども、お腹のなかにできるわけです。「この不思議《ふしぎ》さが説明《せつめい》できるか」といえば、なかなか説明できるものではありません。

ＤＮＡを知ろうが知るまいが、人間が子供《こども》を産《う》み、また人間になるシステムが出来上がっていたということについては、やはり説明がつきません。

そのような進化論的なもののなかには、「偶然《ぐうぜん》に偶然が重なって、こうなった」というような説明しかできない部分がたくさんあるのです。

この世で生きているものにはすべて、目的性《もくてき》がある

しかし、この世で生きているものを見るかぎり、すべて、目的性《もくてき》があって存在《そんざい》しています。「こういう目的があって創《つく》られた」という「創られた痕跡《こんせき》」が残《のこ》っているのです。

その「創られた」というのは、何らかの設計図に基《もと》づいて創られたということでも構《かま》いませんが、では、その「設計図」をつくったのは誰《だれ》なのでしょうか。設計図に基づいて、人間がこのように動いて生活できるようにしたのは誰なのでし

ょうか。それについて説明はできますか。塵《ちり》が積《つ》もったり風が吹《ふ》いたりしただけでは、そういうふうにはならないでしょう。

「原始の海にタンパク質《しつ》の塊《かたまり》ができ、それが動き始めて、人間になった」というような説は、あまりにもワープしすぎているので、私も信じることはできません。原始の地球が灼熱《しゃくねつ》であったことはだいたい分かっており、ものすごい高温でドロドロに燃《も》えていて、火山が噴火《ふんか》し、溶岩《ようがん》でいっぱいの高熱の星だったことは間違いありません。そのようなところで、生き物の痕跡が残る活動ができるはずはないのです。

もし、宇宙《うちゅう》から隕石《いんせき》が飛来《ひらい》し、そこに小さなバクテリアのようなものがいて、それが進化したとしても、今の人間にまで偶然になることはありえないことなのです。

したがって、「証拠主義《しょうこしゅぎ》」を言うのも結構《けっこう》なのですが、何らかの進化を認めるにしても、やはり一定の目的合理性は必《かなら》ずあります。「それを設計し、ストーリーを考えたものが存在する」ということを、否定《ひてい》することはできないはずです。ですから、そうしたもので、すべてを否定することには問題があると、私は思います。

5 「死」を扱《あつか》う宗教《しゅうきょう》には公益《こうえき》性がある

「死の定義《ていぎ》」は極《きわ》めて難《むずか》しい

では、『聖書《せいしょ》』に書かれてある、「死者が蘇《よみがえ》る」ということについてはどうでしょうか。

これを認《みと》めるか認めないかということですが、現代《げんだい》でも、医者のなかには、そうしたものを認めている人もいます。例《たと》えば、東大の教授《きょうじゅ》が「人間は魂《たましい》だ」というような本を書いて、新聞広告《こうこく》等も出しています。

また、人間はときどき蘇生《そせい》することがあるので、医者の死亡判定《しぼうはんてい》は当たらない場合もあることが確認《かくにん》されています。

死の定義《ていぎ》は、極《きわ》めて難《むずか》しいのです。すべての人が、必《かなら》ずしも病院で死ななければいけない理由はないとは思いますが、この「死」の判定には難しいものがあります。

私が述《の》べているような、「魂と肉体が霊子線《れいしせん》でつながっている間は生きていて、また戻《もど》ってくる可能性《かのうせい》がある」という考えは、プラトンの時代には言われていたものの、現代では見失《みうしな》われています。

したがって、「魂と肉体がつながって存在《そんざい》している」という、基本《きほん》的な人間の仕組みさえ解明《かいめい》できない現代の科学でもって、すべてを判断《はんだん》するのは問題がありますね。そのあたりの仕組みを、もっと解明していったほうがよいのではないでしょうか。

また、精神《せいしん》医学のほうも、かなり幼稚《ようち》なレベルで止まっているように見えるので、もう一段《いちだん》の勉強が要《い》るのではないかと思います。

宗教的《しゅうきょう》な施設《しせつ》は「霊界《れいかい》との交流の場」である

物事《ものごと》には、どのように光を当てるかによって、違《ちが》ったように見えることもあるので、このあたりについてはよく考えなければいけません。

今述べたような、科学的に見る唯物論《ゆいぶつろん》もあれば、仏教《ぶっきょう》の流れのなかでも「死んだら無《む》になる」というような考えは、ある程度流行《ていどはや》っています。

現代は土地代が高くなって、お墓《はか》をつくるのが難しくなりつつあることもあり、ちょうどその〝ニーズ〟と合ってしまったところがあります。例《たと》えば、「死んだら何もかもなくなるから」ということで、野山や海面に遺灰《いはい》を撒《ま》いたりして終わりにする、自然葬《しぜんそう》のようなものも出てきています。確《たし》かに、これはお墓が要らないので、安上がりではあるでしょう。

そのように、「死んだら何もない」ということにすれば、経済的《けいざい》な合理性は確かにあります。少なくとも何百万円かは節約《せつやく》できる可能性があるので、そのエコノミーの面から見れば理解できなくもありません。

しかし、西洋・東洋において姿形《すがたかたち》はいろいろと違うものの、お墓には一種《いっしゅ》の〝アンテナ〟のような役割《やくわり》があります。要《よう》するに、お墓参《まい》りをするなり位牌《いはい》を祀《まつ》るなり、そうした供養《くよう》のスタイルを取ることによって、天上界《てんじょうかい》や地獄界《じごくかい》にいる亡《な》くなった方と心が通じる交差《こうさ》点になるところがあるのです。その意味で、実は重要なものなのです。

普通《ふつう》の人は霊能者ではないので、「思ったらすぐに死者に通じる」ということは、あまりありません。しかし、例えば、「お盆《ぼん》なら、きちんと供養される」「命《めい》日《にち》には供養される」と、亡くなった人が期待しているような場合、遺族《いぞく》に供養しようという気持ちがあって、霊園《れいえん》、墓地《ぼち》のように決まった所で供養をすると、その気持ちがつながるのです。両方の電話がつながるような感じになり、お互《たが》いの気持ちが通じることがあるわけです。

実際《じっさい》に、死んであの世に還《かえ》ると、あの世での仕事があるので、いちおう、そちらのほうで忙《いそが》しくしなければいけないのですが、ときどきは子孫《しそん》のことも思い出し、「どうなっているかな」「どうしているかな」と気にしている方もいます。そういうときに、やはり、先祖《せんぞ》供養や何かの儀式《ぎしき》等で出会える場があると、懐《なつ》かしく思い出すことができるわけです。そういう儀式があると、亡くなった人のほうも、何十年かは覚《おぼ》えているものです。ただ、それを過《す》ぎると、だいたいこの世のことを忘《わす》れていきます。

その意味では、自分の家族などが生きている間は、この世とコンタクトするための何らかの方法《ほうほう》が残《のこ》っているほうがよいということです。

例えば、幸福の科学の東京正心館《しょうしんかん》等の精舎《しょうじゃ》や、全国の支部《しぶ》、来世《らいせ》幸福園（霊園）などの宗教施設《しゅうきょうしせつ》は、一種の「霊界《れいかい》との交流の場」でもあるのです。

　したがって、それは、虚《むな》しいことではありません。現実に霊界との交流が起きているのです。そういう意味で、宗教は非常《ひじょう》に「公益性《こうえきせい》」があるわけですが、目に見えない公益性のところを認められない人が多いように思います。

　携帯《けいたい》電話、スマートフォンのようなものであれば、売り出せば、あっという間に何千万台、何億《おく》台と売れたりするような世の中ですが、人間としての大事な基本のところになると、なかなかそのようにはいかず、疑《うたが》って信《しん》じない人がたくさんいます。本当に残念《ざんねん》な感じがします。

〈写真左から〉幸福の科学東京正心館、来世幸福園（総本山・那須精舎境内）

現代《げんだい》のインテリが分かっていない「単純《たんじゅん》な真理」

昔の人に比《くら》べると、現代人《げんだいじん》はさまざまな面で賢《かしこ》くなっているし、頭もよくなっているのだろうとは思います。頭脳《ずのう》の回転が速くなったり、知識《ちしき》が増《ふ》えたりしているのは間違いないことではありますが、ただ、素朴《そぼく》な真理を知らずに生きているということが、非常に残念でなりません。

真理とは単純《たんじゅん》なものです。要するに、「人間が死ねば、あの世に還り、魂としての生活に戻る。あの世が本来の世界である。しかし、またこの世に帰ってくることもある」「この世で魂修行《しゅぎょう》をし、肉体を脱《ぬ》ぎ捨《す》て、葬儀を経《へ》て、あの世という本来の世界に還る。そして、あの世の人は、この世の人々を見ている」というような、単純なことなのです。

しかし、この世的に見て非常に頭のいい人や、さまざまな業績《ぎょうせき》をあげたり、いろいろな賞《しょう》をもらったりしたような人でも、この「単純なこと」が分かっていません。原始人のアニミズムや、昔の人の自然崇拝《すうはい》の延長上《えんちょう》にあると思っているインテリが数多くいます。

そこで、彼らがデルージョン（妄想《もうそう》）だと思っているようなことは、実は妄想ではないということを、今、私が証明《しょうめい》しているわけです。

これは戦《たたか》いではありますが、真理というものは、やはり敗《やぶ》れ去るわけにはいかないのです。

世界中にはさまざまな宗教があり、それらを信じている人口のほうが、信じていない人よりも圧倒的《あっとう》に多いのです。

ただ、宗教には矛盾《むじゅん》がたくさんあります。古い時代の宗教は、現代から見ると数多くの矛盾がありますが、それについては適切《てきせつ》な解説《かいせつ》を加《くわ》え、「変更《へんこう》しても構《かま》わないところはどこか」ということをきちんと教えていけば、理解はできるようになると思うのです。

そのなかには、「これでなければいけない」とは言えない部分もたくさんあります。しかし、忘れてはいけない共通項《きょうつうこう》の部分も確かにあると思うのです。

6 「聖《せい》なるもの」に帰依《きえ》する心を

ビル・ゲイツが見抜《みぬ》いた「コンピュータでは救《すく》えない世界」

さまざまなことを述《の》べてきましたが、幸福の科学は、基本《きほん》的には「自由」に向かって世界を開いています。

現代《げんだい》にも、未来《みらい》に向けても、自由な方向に世界を開いているのですが、「真理」という面においては一本筋《すじ》を通しています。「真理に則《のっと》って人間が生きる」ということに関《かん》しては一定の規範《きはん》があり、それを各自《かくじ》が守りながら、目指すべき方向を間違《まちが》わないようにしようとしているのです。

その方向を間違って、地獄《じごく》というところで苦しんでいる人は、現実に存在《そんざい》しています。したがって、「この世での名前がいくら有名でも、頭がよくても、お金持ちでも駄目《だめ》なのだ」ということを知っておいてください。

ある英字《えいじ》新聞で、ビル・ゲイツの特集《とくしゅう》をしていたことがあります。

彼はすでにマイクロソフトの第一線を退《しりぞ》いて、今は財団《ざいだん》のほうを中心に仕事をしているようですが、一年間で約《やく》四千億《おく》円以上《いじょう》ものお金を、アジア・アフリカなどのいろいろな貧《まず》しい地域《ちいき》の人々の病気対策《たいさく》に使ったり、食糧《しょくりょう》やさまざまなインフラづくりのために使ったりしています。四千億円以上になると、普通《ふつう》の宗教《しゅうきょう》よりもはるかに大きな力を持っていると思われますが、貯《た》めたお金を、今は財団で運用しているわけです。

ビル・ゲイツは、「コンピュータを接続《せつぞく》したところで世界は救《すく》われないということを、まだ知らない人が多すぎる。今、コンピュータの世界で生きている後進の者たちは、みな、『コンピュータさえ接続すれば、世界が発展《はってん》し、豊《ゆた》かになる』と思っているけれども、実際《じっさい》は、コンピュータを接続しても、救われない人がたくさんいることを知らなければいけない」という意見を言っています。

「食糧不足《ぶそく》で死んでいくアフリカの人々は救えません。医薬品が足りずに死んでいく人々も救えません。ポリオ等に罹《かか》って死んでいく人々も救えません。それから、泥水《どろみず》を真水《まみず》に変《か》えることができなければ、それでお腹《なか》を壊《こわ》す人々も救えません。これらは、コンピュータでは救えないのです」というわけです。

また、インドでは、コンピュータが流行《はや》っているように見えるかもしれませんが、街《まち》から三マイルも離《はな》れたら、もはやコンピュータなどはまったく通用しない世界であり、非常《ひじょう》に物資《ぶっし》が不足し、いろいろなものが足りない世界に入ります。

そういうことを踏《ふ》まえて、ビル・ゲイツは、「『フェイスブック』を立ち上げたザッカーバーグは、『五十億人ぐらいをインターネットでつなげれば、世界は大きく発展して変わる』などと言っているけれども、そんなことはない。それは、実際の社会を見ていないからだ」ということを言っています。

そのように、彼は今、そういうものでは救えないものがあることに気づき、一部、宗教的な部分も持ちつつあるのです。

このあたりは、かつてスティーブ・ジョブズに批判《ひはん》され、今、非常に恐縮《きょうしゅく》しながらやっているところなのではないかと思います。そこで、たっぷりと稼《かせ》いだお金を、

ビル・ゲイツ（1955 〜）
マイクロソフト創業者。

マーク・ザッカーバーグ
（1984 〜）
フェイスブック創業者。

スティーブ・ジョブズ
（1955 〜 2011）
アップル創業者。

今、社会奉仕《ほうし》に使おうとしているのでしょう。

このように、富《とみ》を使えば、世の中を救う力になるものもあるので、私は、それを完全《かんぜん》には否定《ひてい》していません。

「崇高《すうこう》なもの」を求《もと》める心を忘《わす》れてはならない

私たちの戦《たたか》いは、かつてと比《くら》べれば、この三十年近くでずいぶん進んではきました。

しかし、まだ日本国中の隅々《すみずみ》に行き渡《わた》るところまでは来ていませんし、世界を十分に救い切るところまで行く力はありません。

ただ、幸福の科学の活動を通して、今、イスラム圏《けん》も、ローマ・バチカンも、また、唯物論《ゆいぶつろん》の中国も、グラグラし始めていることは事実です。

次の時代が、今、来ようとしています。蜃気楼《しんきろう》にすぎないものを実物、実在と思っていた考え方が、世界同時に崩《くず》れていき、「新しい世界」が出来上がろうとしています。

そのために、われわれは、「宗教本道《ほんどう》における戦い」「政治《せいじ》における戦い」「経《けい》営《えい》・経済《けいざい》における戦い」「教育改革《かいかく》における戦い」、あるいは、「世界各地における種々《しゅじゅ》の活動を通しての戦い」、そして、「芸術《げいじゅつ》を通しての戦い」など、今、さまざまなかたちで世界を変えていこうとしています。影響《えいきょう》は確《たし》かに与《あた》えつつありますが、力としてはまだ足りていません。

今の学校教育と、社会人としての職業《しょくぎょう》教育だけでは、どうしても唯物論者が増《ふ》える傾向《けいこう》にあるように思います。

それは、そういうものに対する知識《ちしき》がなく、また、宗教や信仰《しんこう》について人前《ひとまえ》では言えない状況《じょうきょう》から、それを隠《かく》す傾向があるためです。

『聖《セイント》☆おにいさん』というマンガがあります。ブッダとイエスが東京の立川《たちかわ》に住み、普通の生活をするような内容《ないよう》です。これは、日本での評判《ひょうばん》はまあまあよいのかもしれませんが、外国では「侮辱《ぶじょく》だ」と怒《おこ》っている人もいるようです。

日本では、そういうものが面白《おもしろ》いと思われているのかもしれません。ただ、私が見たかぎりでは、やはり、「なめるんじゃないよ」という気持ちはあります。

例《たと》えば、ブッダの額《ひたい》の白毫《びゃくごう》に、「あそこが弱点だ」と言って子供《こども》が輪《わ》ゴムを当てて遊ぶような描写《びょうしゃ》もありますが、「何も知識がないよりはいいのかもしれない」とは思いながらも、少々度が過《す》ぎていると思われます。やはり、このあたりで止まっているようなレベルでは低《ひく》いのだ、ということを知ったほうがよいでしょう。

もう少し、「聖《せい》なるもの」に対する帰依《きえ》の心が必要《ひつよう》です。

目に見えないものは、例えば、研究に使っている顕微鏡《けんびきょう》には映《うつ》らないかもしれないし、望遠鏡《ぼうえんきょう》で見ても分からないかもしれませんが、その奥《おく》にあるものを推測《すいそく》する尊《とうと》い心を忘れてしまうことは、人間としての聖なる部分が失《うしな》われることと同じなのです。なぜなら、それは、自分を動物と同じか、動物以下の機械《きかい》のレベルにまで落とそうとしていることだからです。

この〝引きずり下ろし〟に対しては、やはり、「自《みずか》ら高いものを求《もと》めていく心」を忘《わす》れてはならないと思います。

未来《みらい》を「明るく自由な世界」へと引っ張《ぱ》っていきたい

いまだに唯物論との戦いは続《つづ》いています。

中国では、経済だけが自由化され、宗教は監視《かんし》下に置《お》かれているものの、今、水面下においては、地下教会のキリスト教徒《きょうと》などが、一億人ぐらいに増えているとも言われています。ですから、この体制《たいせい》はもうすぐ崩れていくでしょう。

そのなかで、幸福の科学の信仰も、ぜひとも広げていきたいと私は思っています。彼らを倒すのではなく、彼らを救うつもりなのです。

また、韓国《かんこく》も、いまだ無明《むみょう》のなかにあります。北朝鮮《きたちょうせん》も同じです。

ほかにも、中国に支配《しはい》されている自治区がたくさんありますが、あちらこちらで独立《どくりつ》運動が起きていることは、ネット社会になってから暴《あば》かれつつあります。

現に自分たちが侵略《しんりゃく》し、支配していながら、「七十年以上前の日本はこんなに悪い国だった」ということばかりを言い訳《わけ》にして、自分たちのことについては触《ふ》れさせないというのは、世界的な見地から見てもフェアではありません（注。先の大戦《たいせん》における日本軍《ぐん》の戦いの意義《いぎ》については、霊言《れいげん》・リーディング等でさまざまに検証《けんしょう》を重ね、出版《しゅっぱん》している。『されど、大東亜戦《だいとうあせん》争《そう》の真実　インド・パール判事の霊言』（幸福の科学出版刊《かん》）、『公開霊言　東條英機《とうじょうひでき》、「大東亜戦争の真実」

『公開霊言　東條英機、「大東亜戦争の真実」を語る』
（幸福実現党）

『されど、大東亜戦争の真実　インド・パール判事の霊言』
（幸福の科学出版）

を語る』〔幸福実現党《じつげんとう》刊〕等参照《さんしょう》）。

そのようなことを言うのであれば、自分たちが侵略した所をきちんと返し、自治を認《みと》めた上で、「日本人が過去にこんな悪を犯《おか》した」と言うべきです。それならばフェアであるので、言っても構わないと思います。しかし、「日本は悪いことをした。だが、われわれはしていない」というように、隠蔽《いんぺい》してやり過ごすというのであれば、これは、人間として許《ゆる》せないあり方です。

私は、このような、現在ただいまの問題とも戦っていくつもりです。そして、未来《みらい》を絶対《ぜったい》に明るく自由な世界へと引っ張《ぱ》っていきます。

かのヒットラーがいちばん嫌《きら》った言葉が、「自由主義《しゅぎ》」です。ですから、私はこの言葉を捨《す》てません。すなわち、彼とは反対側《がわ》のところに立っているということを、言い続けているのです。

どうか、そのあたりを誤解《ごかい》のないようにお願《ねが》いしたいと思います。

個人《こじん》の正義《せいぎ》の基準《きじゅん》としての「六大煩悩《ろくだいぼんのう》の点検《てんけん》」

相手に悪霊《あくれい》が憑《つ》いているかどうかは、
「貪《とん》・瞋《じん》・癡《ち》・慢《まん》・疑《ぎ》・悪見《あくけん》」の「六大煩悩」から判断《はんだん》できます。
「貪」とは、貪欲《とんよく》です。
「この人は、欲が深いなあ」と思うようなことです。
「瞋」とは、カッとなって怒《おこ》ること。すぐ怒り出すことです。
「癡」とは、愚《おろ》かであることです。
ソクラテスの言う「無知《むち》」そのもの。
全然《ぜんぜん》、真理が分かっていないことです。

「慢」とは、慢心《まんしん》です。
自惚《うぬぼ》れて、すぐ天狗《てんぐ》になってくること。
「私は偉《えら》いんだ」と言い出すようなことです。
「疑」とは、疑《うたが》い深いことです。
ジャーナリストには、全部を疑ってかかるような人もいます。
疑いには、ある程度《ていど》、
真理を発見する手段《しゅだん》として存在《そんざい》している面もあるのですが、
すべてを疑っていたら、基本的に人間関係《かんけい》は成《な》り立ちません。
疑い深い人には、やはり、行きすぎているところがあるでしょう。
「悪見」とは、まったく間違《まちが》った信仰《しんこう》を持っていること、
あるいは、間違った哲学《てつがく》的考えや、

間違った信条《しんじょう》にとらわれていることです。
例《たと》えば、「マルクスこそ、神様そのものだ」と
平気で言うようなことでしょう。

こうした「貪」「瞋」「癡」「慢」「疑」「悪見」に照《て》らしながら、
相手とよく話してみて、
どれに当てはまるかを考えてください。
非常《ひじょう》に突出《とっしゅつ》した部分があって、二つか三つが引っ掛《か》かったら、
だいたい悪霊が憑いていると見てよいと思います。
そうしたら、「あなたは、こういう点に間違いがあるから、
悪霊が憑いているかもしれませんよ」

「少し真理を勉強したほうがいいのではないですか」

「そうすれば、心が楽になって、悪霊がパリッと剝《は》がれ、
陽気な感じになって、光が射《さ》してくる感じを受けられますよ」

と言ってあげればよいのです。

これは、人生相談にもなるでしょう。

このように、だいたい六大煩悩のところをチェックしてあげることで、
人生相談のようにしながら相手を導《みちび》いていくことができます。
六大煩悩の観点《かんてん》には、個人的に見れば、
「正義の基準」としても使える部分があるのです。

――「正義の原理」質疑応答《しつぎおうとう》より

Progress Starts from Righteousness

第3章

正しさからの発展《はってん》

「正義《せいぎ》」の観点《かんてん》から見た「政治《せいじ》と経済《けいざい》」

1　イスラム系《けい》で発生した「二つの事件《じけん》」

パリの「襲撃事件《しゅうげきじけん》」直後に収録《しゅうろく》された「ムハンマドの霊言《れいげん》」の過激《かげき》さ

本章は、「正しさからの発展《はってん》」という題ですが、これは、簡単《かんたん》ではないテーマです。

二〇一五年は、年初《ねんしょ》から、イスラム系《けい》で立て続《つづ》けに、いろいろと事件《じけん》がありました。

パリの「シャルリー・エブド襲撃事件《しゅうげきじけん》」（注。ムハンマド等の風刺画《ふうしが》を掲載《けいさい》し続けてきた週刊《しゅうかん》新聞の発行元が、二〇一五年一月七日、イスラム過激派《かげきは》に襲撃さ

2015年1月、イスラム過激派を挑発する風刺画を掲載し、襲撃を受けたフランス大衆紙「シャルリー・エブド」のオフィス前。

れ、警官《けいかん》二人を含《ふく》む十二人が殺害《さつがい》された）については、ムハンマドの側《がわ》から本が一冊《さつ》出ています（注。二〇一五年一月十五日に「ムハンマドの霊言《れいげん》」が収録《しゅうろく》された。『ムハンマドよ、パリは燃《も》えているか。――表現《ひょうげん》の自由vs.イスラム的信仰《しんこう》――』〔幸福の科学出版刊《しゅっぱんかん》〕参照《さんしょう》）。

そこでのムハンマドの発言は、けっこう過激であり、それを聴《き》いて、幸福の科学の総合《そうごう》本部職員《しょくいん》たちがショックを受け、しばらく硬直状態《こうちょくじょうたい》になりました。

「やはり、難《むずか》しい問題なのだな」と、つくづく思います。

特《とく》に日本人は、日本に住んでいるだけで一種独特《いっしゅどくとく》の考え方に染《そ》まっており、異質《いしつ》な考え方に自分の考え方を合わせることができないでいます。そのへんが難しいところです。

『ムハンマドよ、パリは燃えているか。――表現の自由 vs. イスラム的信仰――』（幸福の科学出版）

「イスラム国」による「日本人人質事件《ひとじちじけん》」をどう捉《とら》えるべきか

パリの事件《じけん》の二週間ぐらいあとに、「イスラム国」による「日本人人質事件《ひとじちじけん》」が起きました。

「イスラム国」に日本人二人が捕《つか》まって人質にされ、「七十二時間以内《いない》に日本政府《せいふ》が二億《おく》ドル（約《やく》二百四十億円）の身代金《みのしろきん》を払《はら》わなければ、人質二人を殺害する」という声明を伝《つた》える動画がインターネット上にアップされました。そのあと、日本政府は、それに掛《か》かり切りの状態になったのです（注。人質となっていた湯川遥菜《ゆかわはるな》氏と後藤健二《ごとうけんじ》氏は、その後、相次いで殺害されたが、二〇一五年二月二日に二人の霊は幸福の科

2015年1月、ヨルダンで起きた「イスラム国」による邦人人質事件への対応を協議する与党幹部。

学・教祖殿《きょうそでん》を訪《おとず》れ、「霊言」にて自《みずか》らの思いを語っている。『スピリチュアル・エキスパートによる徹底検証《てっていけんしょう》「イスラム国」日本人人質事件の真相に迫《せま》る』（里村英一《さとむらえいいち》・綾織次郎《あやおりじろう》編、幸福の科学出版刊）参照）。

私としては、この問題に関《かん》し、理論的《りろんてき》なことを述《の》べておこうと思います。この問題についての考え方を整理していくことが大事ではないかと思うからです。

中東四カ国歴訪《れきほう》中、「イスラム国」に言及《げんきゅう》した安倍総理《あべそうり》

この人質事件は、非常《ひじょう》に突発的《とっぱつ》で、分かりにくい事件のようにも見えたと思いますし、一般的《いっぱん》に見れば、日本国内で誘拐《ゆうかい》事件が起き、身代金を要求《ようきゅう》して立てこもっている場合と、そう変《か》わらないような扱《あつか》いを、マスコミもしているように感

『スピリチュアル・エキスパートによる徹底検証「イスラム国」日本人人質事件の真相に迫る』（幸福の科学出版）

じられたところが多々あります。それとの違《ちが》いが特にあるとは見えていないように思えたのです。

ただ、これは、安倍総理《あべそうり》が中東四カ国を歴訪《れきほう》中に起きた事件です。非常にタイムリーに、安倍総理が向こうにいるときに起きた事件なので、もちろん、タイミングは計算されていたと思います。

安倍総理はエジプトで会見を行い、「イスラム国」と戦《たたか》う周辺各国《しゅうへんかっこく》に、総額《そうがく》で二億ドル程度《ていど》を支援《しえん》するつもりであることを表明しましたが、そのときの発言のなかには、「『イスラム国』がもたらす脅威《きょうい》を食い止める」という言葉が含まれていました。

それは、どちらかといえば、「イスラム国」を追い詰《つ》める意味合いの入った言葉だったと思います（注。安倍総理は、「イラク、シリアの難民《なんみん》・避難民《ひなんみん》支援、トルコ、レバノンへの支援をするのは、ＩＳＩＬ《アイスル》（イスラム国）がもたらす脅威を少しでも食い止めるためです。地道な人材《じんざい》開発、インフラ整備《せいび》を含め、ＩＳＩＬと戦う周辺各国に、総額で二億ドル程度、支援をお約束《やくそく》します」と発言した）。ただ、事件発生後には、それが「非軍事《ぐんじ》的な支援」であることを述べ、躍起《やっき》になって、このような部分を取り消そうとしていました。

安倍総理がイスラエルにいたときに人質事件のニュースが入ってきたわけですが、総理は、一月二十日の午後二時五十分ごろ（日本時間）に第一報《ぽう》を受け、ホテルの部屋で人質の映像《えいぞう》を観《み》たようです。

主要大臣《しゅようだいじん》たちの「守護霊《しゅごれい》」が、私のところへ相談にやってきた

具合の悪いことに、幸福の科学は、その日（二〇一五年一月二十日）の朝日新聞朝刊に、『ムハンマドよ、パリは燃えているか。――表現の自由vs.イスラム的信仰――』（前掲《ぜんけい》）の広告《こうこく》を「全五段抜《だんぬ》き」の大きさで載《の》せていましたが、その日

の午後にあのような監禁《かんきん》事件が起きたため、「実にややこしい時期に、ややこしいことが起きたなあ」と思っていました。

そして、「この本による説明《せつめい》だけでは十分ではないだろう」と思ったのですが、行事も迫っていたので、続きの本を出す暇《ひま》がありませんでした。また、三日以内に事件が終わる可能性《かのうせい》もあったので、私からは、すぐには何も発信しないでいたのです。

そのように、珍《めずら》しく幸福の科学から情報《じょうほう》を発信しないでいたところ、一月二十二日の昼過《す》ぎぐらいでしたか、首相官邸《かんてい》等で事件の対策をしている主要《しゅよう》な大臣《だいじん》たちの守護霊《しゅごれい》が、次々と私のところに相談に来たのです。

大臣たちは「あらゆる手段を使って、その解決《かいけつ》を図《はか》る」と言っていたので、それ（私への相談）が「あらゆる手段」のなかの一つに入っていたのは間違いありません。

本人から電話がかかってきたわけではないのですが、本人の守護霊が、悩乱《のうらん》したかたちで私のところへ相談に来て、「どうしたらよいのですか」と訊《き》いてきたのです。

もちろん、安倍総理の守護霊は来ましたし、官房長官《かんぼうちょうかん》や外務《がいむ》大臣の守護霊も来ましたが、なぜか、最初《さいしょ》に来たのは、実は下村《しもむら》文部科学大臣（説法《せっぽう》当時）の守護霊でした。しかも、すごく弱って出てきたのです。

「なぜ、そんなに弱っているのですか」と訊いたら、「うーん。実は困《こま》っているんだ。『おまえ（下村文科大臣）のおかげで何か祟《たた》りがあったんじゃないか』というようなことを言われている」と言っていました（注。二〇一四年に大学設置《せっち》申請《しんせい》を行《おこな》った幸福の科学大学〔仮称《かしょう》〕に対し、文部科学省《しょう》が却下《きゃっか》したことを指していると思われる）。

あとの人の守護霊は、「どう思っていますか」「どのようにしたらよいのですか」というようなことを、いろいろと訊いてきたのですが、私は、「今回は、答える気はない」と言いました。当会のほうには、ごねる権利《けんり》が少しあるのです。

何でもかんでも、当会がリスクを先に背負《せお》い、答えを出して「こうせよ」と言い、マスコミを説得《せっとく》しておいてから、政府がゆっくりとあとから動き、「私たちがやりました」と言うのです。このパターンがずっと続いていたので、「たまには、自分たちの頭で考えて判断《はんだん》し、責任《せきにん》を取ってください。当会が『こうしなさい』と言ったら、当会の責任になるんでしょう?」と言いました。

私が何か言ったあと、そのとおりに政府がやったら、マスコミは黙《だま》り、政府を攻撃《こうげき》しないことが多いので、「今回も、それをやる気でいるな」と思いました。この件で私に説法をさせようとしていることが、よく分かったのです。

そこで、「今回は根比《こんくら》べだ」と思い、「自分たちの頭で考えてください」と言って、一生懸命《いっしょうけんめい》、押《お》し返しました。

ただし、「考え方として持っておく必要《ひつよう》があるもの」は幾《いく》つかあると思われたので、それについては、参考までに述べておこうと思います。

2 「人質事件《ひとじちじけん》」での日本側《がわ》の対応《たいおう》を検証《けんしょう》する

「イスラム国」側《がわ》を悩乱《のうらん》させた、安倍総理《あべそうり》の「日本的記者会見」

さて、中東を歴訪《れきほう》中だった安倍総理《あべそうり》は、「人質事件《ひとじちじけん》」発生のニュースに接《せっ》したあと、現地《げんち》（イスラエル）で記者会見を開きました。これは珍《めずら》しいことです。

そのときに安倍総理が言ったのは、一番目が、「人命尊重《じんめいそんちょう》を第一優先《ゆうせん》にする」ということでした。二番目は、「テロには絶対《ぜったい》に屈《くっ》しない」ということでした。

この二つを言いましたが、「では、具体的に、どうするのですか」という感じの質問《しつもん》に対しては答えませんでした。

これは実に日本的な対応《たいおう》なのですが、「実に日本的である」という自覚《じかく》は、総理にも日本政府《せいふ》にもあまりなかったようです。

私は「第三者の目」で見ることができるので、私の感想を述《の》べると、犯行声明《はんこう》映像《えいぞう》のなかでナイフを持って振《ふ》っていたテロリストとおぼしき人物は、安倍総理の会見を観《み》て、おそらく〝ずっこけた〟と思います。

まず、「人命尊重を第一にする」という言葉を聞き、「ああ、お金をくれるんだな」と思ったでしょう。

次に、「テロには絶対に屈しない」という言葉を聞き、「あれ、お金をくれないんだな」とか、「武力《ぶりょく》で報復《ほうふく》するのかな」とか、そう思ったはずです。

そして、「どうするのか?」と訊《き》かれたら、「全力で解決《かいけつ》に当たる」というように答えただけでした。

テロリスト側《がわ》は、おそらく悩乱《のうらん》したと思います。この返事だと「論理《ろんり》的に答えが出ない」のです。

どうせ悩乱させるのでしたら、安倍総理は、ついでに、「アッラーの思《おぼ》し召《め》しのままに」などと、何か言えばよかったのです。

例《たと》えば、「いったん日本に帰って、アッラーにお伺《うかが》いを立ててみる。そのお答えによって返事をするが、アッラーは、いつお答えになるか分からないから、その時間については特定《とくてい》できない」などと言えば、向こうはもっと悩乱し、混乱《こんらん》の極《きわ》みに陥《おちい》ったかもしれません。

〝日本人のあの論理〟は外国人には分からないのですが、「外国人には分からない」ということを、言っている本人が分かっていないところが大変《たいへん》なのです。

「人命尊重《じんめいそんちょう》」は日本向け、「テロに屈《くっ》しない」は欧米《おうべい》向けの言葉

安倍総理が言った「人命尊重《じんめいそんちょう》を第一にする」という言葉は、日本人に対するメッセージです。メディアを通じて、日本人の投票者《とうひょうしゃ》に対し、そのように言わないかぎり、選挙《せんきょ》では負けますし、支持率《しじりつ》が下がります。そのため、「人命尊重を第一にする」と言ったわけです。

次に、「テロには屈《くっ》しない」という言葉は、欧米《おうべい》に対して言ったものです。欧米に対して、「日本はテロには屈しない」と言ったわけです。

そして、「具体的に、どうするか」という、人質を捕《つか》まえている人たちに対する回答は、実はなかったのです。

そうなると、憶測《おくそく》できることは、「裏《うら》から手を回して、減額交渉《げんがくこうしょう》でもするのだろうか」というようなことですが、「全力で取り組む」というようなことばかり

を言い、肝心《かんじん》な部分については、「答えられない」ということでした。おそらく、答えを持っていなかったのだろうと思います。

メディアが多用した「人道支援《しえん》」という言い方は通じたのか

また、支援金《しえんきん》の二億《おく》ドルについて、日本政府は、「実は人道支援のために出したお金であって、軍事資金《ぐんじしきん》ではないのだ」ということを、一生懸命《いっしょうけんめい》、いろいろなメディアに〝押《お》し込《こ》み〟をかけて言っていましたが、「これで説得《せっとく》し、向こうが人質殺害《さつがい》を実行できないようにしようとしている」と見て取れました。

ただ、あちらのほうは、エジプトでの安倍総理の発言を正確《せいかく》に捉《とら》えていたので、これでごまかし切れるかどうかは、分かりませんでした。

軍事において兵站《へいたん》部門は非常《ひじょう》に重要《じゅうよう》であり、「資金を援助する」というのは「一緒《いっしょ》に戦《たたか》う」というのと同じことなのです。それについては、向こうが捉えた情報《じょうほう》は正確だったと私は見ています。

ＮＨＫをはじめ、いろいろなテレビ局や新聞社など、日本のマスコミは、当時、「人道支援だ」ということを、口を揃《そろ》えて言っていました。「そのほうが人質は帰ってくる」と思い、言っていたのだと思いますが、「おそらく、これだけでは通らないであろう」と私は思いました。

なぜかというと、「人道支援」を必要《ひつよう》とする点では、「イスラム国」も同じだからです。

そのころ、「イスラム国」では、もうすでに空爆《くうばく》によって数千人が殺《ころ》されていました。空爆で、実は、軍人ではない人たちも大勢《おおぜい》死んでいるのですが、「それについては、どうしてくれるのだ」ということです。

また、日本が「人道支援」としてお金を撒《ま》いた国は、イラクやシリアの難民《なんみん》が入ってくる国ばかりではなく、明らかに、ほかのところも支援しています。難民が入ってくるのは、たいていはトルコなどであり、エジプトやイスラエルではないでしょう。

「人道支援」と言えば、「軍事とは関係《かんけい》ない」と聞こえると思って、そう言っていたようですが、私は、「これで押し切れたら大したものだが、必《かなら》ずしもこれが通じるとは思えない」と感じていました。

要するに、「支援は軍事とは関係ない」と言いたかったのでしょうが、私は「『イスラム国』側は、それを理解できないだろう」と思ったのです。

安倍《あべ》総理《そうり》の「中東四カ国訪問《ほうもん》」を、「イスラム国」はどう見たか

「イスラム国」のほうは、お金、軍資金がいちばん欲《ほ》しいのです。

「イスラム国」には、外国から流入し、雇《やと》われている兵隊《へいたい》が多いのですが、彼らにとっては、最初《さいしょ》は、「給料《きゅうりょう》が高い」というのがメリットだったのです。

ところが、原油価格《かかく》は半分になり、また、油田、油井《ゆせい》が米軍等の空爆によってかなり破壊《はかい》されました。建物《たてもの》も破壊され、インフラは、そうとう壊《こわ》れています。

したがって、「お金が欲しい」というのは、そのとおりでしょう。

日本人の人質二人のうち、ジャーナリスト（後藤健二氏《ごとうけんじし》）のほうは、二〇一四年の末《まつ》から、自宅《じたく》に、身代金《みのしろきん》として十億円や二十億円を要求《ようきゅう》する脅迫《きょうはく》メールが入っていて、その情報は外務省《がいむしょう》に届《とど》いていたので、安倍総理《あべそうり》は、中東に行ったときには、すでに日本人二人が囚《とら》われの身になっていることを知っていました。その上で周辺各国《しゅうへんかっこく》にお金を撒いて歩いたのです。

これには、要するに、「日本は何もできないから、あなたがたが協力《きょうりょく》して何とかしてくれないか」という意味もあり、そういう交渉も入っていたのではないかと推定《すいてい》はされます。

そういう意味では、この事件には偶然《ぐうぜん》ではない部分があったと思います。日本人が人質になっていることを、二〇一四年の時点で日本政府は知っていました。そのため、安倍総理は中東に入り、お金を撒いたのです。

ただ、それは、一般的《いっぱん》には、対立状態《じょうたい》にある国にとって、「反対側の勢力《せいりょく》のほうに与《くみ》する」ということを意味しています。これについては、若干《じゃっかん》、理解が浅《あさ》かった面はあるのではないかと思います。

総理《そうり》にもマスコミにも欠《か》けていた「価値判断《かちはんだん》」の言葉

日本側の対応について、いろいろなことを述べましたが、日本側には、一点、欠《か》けているものがあると思います。

それは何かというと、「善悪《ぜんあく》についての言葉」です。それがまったくありません。それを「価値判断《かちはんだん》」と言ってもよいのですが、「価値判断」についての言葉が一言《ひとこと》も出てこないのです。

これが、非常に日本的な特徴《とくちょう》なのです。

アメリカやイギリス、フランス、オーストラリアなど、「イスラム国」を空爆している国は、「善悪の目」で見て「悪だ」と判断しているから、空爆をしているわけです。

人を殺すこと自体について、「善《よ》いことか、悪いことか」を言えば、個人《こじん》としての「自然犯《はん》」であれば、悪いことです。しかし、「イスラム国」がやっていることを、「正当な行為《こうい》ではなくて悪だ」と判断しているため、そうした国々は空爆を行《おこな》っているのです。そこには、いちおう「判断」があります。

一方、「イスラム国」のほうは別途《べっと》の論理を持っています。彼らには彼らなりの論理があるわけです（注。二〇一五年一月三十一日には、「イスラム国」の指導者でカリフを称《しょう》するバグダディ氏の本心のリーディング（霊査《れいさ》）も行った。『イスラム国〝カリフ〟バグダディ氏に直撃《ちょくげき》スピリチュアル・インタビュー』（幸福の科学出版刊《しゅっぱんかん》）参照《さんしょう》）。

「イラク戦争《せんそう》」や「アラブの春」以降《いこう》、勢力が逆《ぎゃく》転《てん》し、それまで有利《ゆうり》な立場にあった人たちが、非常に厳《きび》しい立場に置《お》かれ、行く場所がなくなっています。そういう状態のなかで、「イスラム国」は、国をつくろうとしているわけです。

そして、さらに求心力《きゅうしんりょく》を高め、そのイスラム圏《けん》をまとめて、アフリカ北部やヨーロッパの南部あたりにまで勢力を伸《の》ばすような、大きな国をつくることを目指しているのです。

これは、いわば「戦国時代」のような考え方です。

「イスラム国」が国として認《みと》められているかどう

2010年にチュニジアで勃発した反体制運動（ジャスミン革命）に端を発し、アラブ世界全体へと波及した大規模な反政府デモ・抗議行動を総称し、「アラブの春」という。

「イスラム国」指導者の本心を探ったリーディング『イスラム国〝カリフ〟バグダディ氏に直撃スピリチュアル・インタビュー』（幸福の科学出版）。

かは微妙《びみょう》なところですが、そういう考え方を持って、全世界から義勇兵《ぎゆうへい》のような人たちが集まってきている状況《じょうきょう》です。

したがって、この善悪の判断は、本当は、とても難《むずか》しい問題なのです。日本からのメッセージでは、「イスラムに対して悪意を持っていません」というようなことを、一生懸命、言っています。

しかし、イスラムの国といってもいろいろとあり、イスラムの国同士《どうし》で戦争をしていたり、対立し合ったりしているので、「イスラムに対して悪意を持っていない」ということだけでは理由にならないのです。

また、NHKは、日本にあるイスラムのモスク（礼拝堂《れいはいどう》）を幾《いく》つか取材《しゅざい》し、あちこちで、日本語を話せるムスリム（イスラム教徒《きょうと》）の人たちが、二人の人質の救出《きゅうしゅつ》のために祈《いの》っている姿《すがた》を映像で流していましたが、少しおかしいところはありました。

何がおかしいかというと、「日本に住んでいるムスリムの方々は、かなり日本化している」ということです。

彼らは、考え方が日本化しており、「日本では、どのように言うと受け容《い》れられるか」ということをよく知っているので、それに合わせた言葉を語っています。「本当は、どうであるか」ということとは別《べつ》に、「日本では、どのように言うと受け容れられるか」ということを十分に知っているのです。

そのあたりは、日本のマスコミ全体が、いちおうタッグを組み、「政権《せいけん》のマイナスにならないように」「政権の足を引っ張《ぱ》らないように」と考えて報道していることは分かるのですが、残念《ざんねん》ながら、「全般に価値判断の部分が欠けていた」というところが大きかったのではないかと思います。

3 「政治的《せいじてき》な正しさ」とは何か

「正義《せいぎ》」を決める二つの考え方とは

ここで、付《つ》け足して述《の》べるとすると、やはり「正義《せいぎ》」の問題に打ち当たります。「正義」の問題で、「何が正しくて、何が間違《まちが》っているか」という問題に入ってくるわけなのです。

「正義」に関《かん》し、世界には、大きく言って二種類《しゅるい》の考え方があります。

一つは、「正義は神の領域《りょういき》にある」という考え方です。「『正義であるかどうか』は、神がお決めになることである。これは神の領域であり、これを人間が決めることはできない」という考え方が一つあるのです。これは、宗教国《しゅうきょうこく》には、けっこう根強くあります。

もう一つは、神のところを外《はず》して、「正義とは、人間が民主主義《みんしゅしゅぎ》で決めるもの、すなわち、『投票《とうひょう》によって選《えら》ばれた議員《ぎいん》たちが議会で決めた法律《ほうりつ》』によって決まるものである。『多数によって決められた法律』に反したものは、正義ではなくて悪であり、それに則《のっと》ったものが正義である」という考え方です。こういう考え方もあります。

そして、その二つの中間的に、民主主義国家であっても、人間が神の意を忖度《そんたく》しながら、要《よう》するに、神の意を窺《うかが》いながら、「これが正義だろう」というようなことを推定《すいてい》するところがあるわけです。

そのように、「正義は神の領域に属《ぞく》しているのか。それとも人間の側《がわ》で正義を決められるのか」という問題があり、実は、ここで二つの大きな価値観《かちかん》がぶつかっているのです。そのことを知っておいていただきたいと思います。

「イスラム原理主義《しゅぎ》なるものはない」と考えるイスラム側《がわ》

ただ、両者とも問題はあります。

例《たと》えば、「イスラム国」の人々であっても、ほかのイスラム教徒《きょうと》と同じく、「五《ご》体投地《たいとうち》」にも似《に》た姿《すがた》をとって、アッラーに祈《いの》りを捧《ささ》げているので、彼らがイスラム教の信者《しんじゃ》であることは間違いないと思います。

しかしながら、彼らにも「アッラーの心」は、本当は分かりません。

そこで、「神は、こうするはずだ」と考えて、やっています。「正義は神の決めることだ」と言ってはいても、神の考えていることの内容《ないよう》は実は分からないので、「自分たちの思っていることが、神の考えていることだろう」と思って、やっているわけです。

ここのところに一つの仮定《かてい》が入っているのですが、「それが合っているか、合っていないか」は、必《かなら》ずしも分からないのです。

一方、アメリカやイギリスなどは「イスラム国」への空爆《くうばく》をしています。フランスもそうです。フランスは、パリの「襲撃事件《しゅうげきじけん》」のあと、「空母を派遣《はけん》する」と言いましたし、オーストラリアまでもが空爆に参加《さんか》しています。

キリスト教圏《けん》は、「イスラム原理主義《しゅぎ》」や「イスラム過激派《かげきは》」を「悪」とだいたい断定《だんてい》していて、そこまで行かないイスラム教との間に線を引き、分けています。そういう考えが基本的《きほん》にあります。

ところが、イスラム教徒の側《がわ》から見ると、「イスラム原理主義」なるものは、ないのです。本来、こんなものはないので、「イスラム原理主義」と言うと、イ

2014年10月、アメリカを主力とする多国籍軍は、「イスラム国」に包囲されたシリアのコバニへの空爆を行った。

スラム教徒は、みな、キョトンとします。

イスラム教徒から、「イスラム原理主義って何ですか」と訊《き》かれ、「ムハンマドの時代の考え方と行動を、そのまま現代《げんだい》に再現《さいげん》することだ」と答えると、「それのどこが悪いわけですか」と言われます。「それで何が悪いのですか。それでいいじゃないですか。何も変《か》わっていません。みな、それを目指しているはずなんですけど……」と言うのです。

そして、「イスラム過激派に対しては、どのように見るか」と訊くと、「それは『情熱的《じょうねつ》で純粋《じゅんすい》だ』というだけのことでしょう」という答えが返ってきます。

一方、イスラム教国であっても、欧米《おうべい》と取引したり、日本からお金をもらって欧米の軍隊《ぐんたい》を引き入れたりしているような国は、「原理主義」や「過激派」と言われる人たちから、「イスラムを穢《けが》すものである。実は折衷様《せっちゅうよう》であり、欧米文明、あるいはキリスト教文明にかなり侵《おか》され、毒《どく》されている」というように見えているのです。

このように、両者に少しずつ「ずれ」はあると思います。

「女子教育の禁止《きんし》」等は、イスラムの「教義《きょうぎ》」ではなく「文化様式」

欧米側から見て間違いやすいことが、ほかにもあります。

例えば、フランスでは、公立学校など公共《こうきょう》の場でのスカーフ着用を法律で禁止《きんし》したりしています。

欧米側は、「イスラム教では、女性は必ずスカーフを着けなくてはいけないし、女子を教育してはいけないことになっているため、それに反する人に対して、過激派や原理主義者たちが暴力《ぼうりょく》事件を起こしている」というようなことを言っています。

しかし、そんなことは、基本的にイスラムの教義にはないのです。「必ずスカーフを着けなくてはいけない」とか、「女子を教育してはならない」とか、そんな教義はありません。

これは「パターナリズム」(家父長主義《かふちょう》)によるものです。「家父長制《せい》」とは、要するに、一家のなかで、男親、父親が全権《ぜんけん》を握《にぎ》っている状態《じょうたい》です。昔の日本もそうでしたが、一家の長《ちょう》である父親の考え方で家族が支配《しはい》されているわけです。

これは「文化様式」であり、「教義」ではないのです。

したがって、そこのところを捉《とら》え、「イスラムは間違っている」という言い方をしたら、そこには、実は違っている部分があるのです。

二人の人質《ひとじち》に関《かん》しては「自己責任《じこせきにん》の原則《げんそく》」が貫《つらぬ》かれる

このように、「正義」をめぐる問題には、事実認定《にんてい》も入れると、かなり難《むずか》しいものがあると私は考えています。

前述《ぜんじゅつ》した「人質事件《ひとじちじけん》」の際《さい》に、現地の対策本部《たいさくほんぶ》等で頑張《がんば》っておられた方や、日本国内で夜も寝《ね》ずに対策をしておられた方々もいて、気の毒なので、あまり本当のことを言ってはいけないと思ってはいますが、「イスラム国」に入った二人は、「自己責任《じこせきにん》」で入っています。

少なくとも、ジャーナリストの方（後藤健二氏《ごとうけんじし》）は、「何が起こっても、責任は私自身にあります。私はシリアの人たちを恨《うら》みません。シリアの人たちに何も責任を負わせないでください」というようなことを語った録画映像《ろくがえいぞう》を残《のこ》して、「イスラム国」に入っています。危険《きけん》であることを知っていて入ったのです。

それから、もう一人（湯川遥菜氏《ゆかわはるなし》）は、民間軍事会社をつくり、リサーチで入ったわけです。

両方とも自分の仕事上の目的で入ったので、当然《とうぜん》、拘束《こうそく》されたりすることがありうることは予想していたはずであり、「自己責任の原則《げんそく》」が、いちおうは貫《つらぬ》かれるはずなのです。

そのあたりを知った上で、日本人として、国に迷惑《めいわく》をかけないつもりであったのならば、やはり、人質となったあとも、それなりに堂々《どうどう》としていなくてはいけなかったと思います。

その意味では、もし、「最後《さいご》に日本語で何か言え」と言われていたら、日本男児《だんじ》として、「武士道精神《ぶしどうせいしん》」に則《のっと》り、言うべきことをきっちりと言っていただきたかったと思っています。

この人質事件においては、日本人の恥《は》ずかしい面が全体的に出すぎたように感じられます。責任の所在《しょざい》はどこなのか。人間に許《ゆる》される範囲《はんい》は、どこまでなのか。政府《せいふ》には、どこまで責任があるのか。このあたりを、きっちりと分けていくところが、あまりないように見受けられたのです。

日本人の人質《ひとじち》に言ってほしかった「ダイイング・メッセージ」

アメリカ人やイギリス人などの人質《ひとじち》は、処刑《しょけい》される前に、「これはアメリカ政府のせいです」とか、「イギリス政府の責任です」とか、そういう言葉を向こうに言わされ、そのあと殺《ころ》されています。

「日本人人質事件」の当時、日本人の人質の方には、「何か『ダイイング・メッセージ（亡《な》くなる直前のメッセージ）』を言わなければいけないのなら、『自衛隊《じえいたい》のみなさん、助けに来てください』と叫《さけ》んでいただきたい」と思っていました。

これが最《もっと》も効果《こうか》的なやり方であり、日本を変える大きな力になるので、「自衛隊のみなさん、なぜ来てくれないのですか」と、ぜひ言っていただきたいと思ったのです。これを言っていただくのがいちばんよくて、これを言ってくれたなら、安倍総理《あべそうり》は二百四十億《おく》円を払《はら》ったかもしれません。

そのくらい、国論《こくろん》を変えるのは難しいのです。

欧米的思考でいくと、絶対《ぜったい》に、何らかの救出《きゅうしゅつ》的手段《しゅだん》を取るべく頑張るはずです。自衛隊は特殊《とくしゅ》部隊を持っているので、少なくとも、空輸《くうゆ》して、向こうに着いていなくてはいけません。欧米的思考からすると、少なくともヨルダンかトルコには特殊部隊が着いていなければいけなかったはずなのです。

北朝鮮《きたちょうせん》の問題があったので、自衛隊は、上空からパラシュートで降《お》りて救出する訓練《くんれん》を、もう、ずいぶん昔からやっています。本当は、そのような態勢《たいせい》を取らなければいけなかったはずなのですが、そういう動きは見えませんでした。

結局《けっきょく》のところ、改憲《かいけん》派の安倍内閣《ないかく》といえども、このときにやっていたことは、改憲反対派と基本的には変わらなかったと思います。

「価値判断《かちはんだん》を含《ふく》んだメッセージ」でなければ国際的《こくさいてき》に通用しない

この「人質事件」において、日本政府は、もう少しロジカル（論理的）に考える必要《ひつよう》があったのではないかと思います。

「人をさらい、『殺すぞ』と脅《おど》して、お金を要求《ようきゅう》する」というのは、実際上《じっさいじょう》、「アリババと四十人の盗賊《とうぞく》」の話の盗賊そのものなので、「こんなものを相手にするべきではない」という考え方は当然あるべきです。

地域性があるのだろうとは思いますが、やはり、「命乞《いのちご》い」だけで終わってはいけないと思います。価値判断《かちはんだん》をしなければなりません。

事件発生の段階で、「イスラム国」に対し、少なくとも、総理として、「あなたがたがやっていることは間違っている」とか、何か言わなくてはいけなかったのです。

そして、「万一《まんいつ》、日本人が処刑されたならば、今後、日本は『イスラム国』を敵対国《てきたいこく》として認識《にんしき》し、その方向で、諸外国《しょがいこく》と連携《れんけい》を強めて行動する」ということ、要するに、「日本人を処刑したら、それを宣戦《せんせん》布告《ふこく》と見なす」というぐらいのことを、やはり言わなければいけなかったと思います。

そういう「価値判断を含《ふく》んだメッセージ」を出さないと、国際《こくさい》社会では通用しません。そうでないと、意味《いみ》不明《ふめい》であり、何を言おうとしているのかが、まったく分からないのです。

「人命《じんめい》第一主義《しゅぎ》」は、山本七平《やまもとしちへい》の言う「日本教」そのもの

日本には、特有の考えとして、「とにかく最終的には『人命《じんめい》第一主義《しゅぎ》』を取る」という、〝人命教〟のようなものがあります。

これは、イザヤ・ベンダサン、すなわち、山本七平《やまもとしちへい》

山本七平（1921 ～ 1991）評論家。イザヤ・ベンダサン名での著書『日本人とユダヤ人』で一世風靡した。

が言っていた「日本教」そのものです。「日本教」には「人命第一主義」のようなところがあるわけです（注。二〇一三年五月二十九日に収録《しゅうろく》された「山本七平の霊言《れいげん》」のなかでも、山本七平の霊は、「『人間の生命の安全』のところが、実は日本教の中心なんだ」と述べている。『公開霊言 山本七平の新・日本人論 現代日本を支配する「空気」の正体』（幸福の科学出版刊《しゅっぱんかん》）参照《さんしょう》）。

ところが、イスラム教もそうですし、ユダヤ教もキリスト教もそうですが、一神教には、実は「人命第一主義」ではないところがあります。一神教では、「神があっての人間であり、神には人間に賞罰《しょうばつ》を与《あた》える権利《けんり》がある。神は、人間が正しい行為《こうい》をした場合にはほめ、悪いことをした場合には罰《ばっ》することがある」ということを考えています。

『公開霊言 山本七平の新・日本人論 現代日本を支配する「空気」の正体』（幸福の科学出版）

しかし、こういう考え方は「日本教」のなかには入っていないのです。日本人は、「人命第一主義は全世界に共通する普遍《ふへん》の原理だ」と思っているかもしれません。確《たし》かに、アメリカは、「人権外交」を行《おこな》ってはいます。ただ、「一神教の世界においては、人間の上に神の概念《がいねん》があるのだ」ということは知っておいたほうがよいでしょう。

ここのところで、日本にだけ、すれ違っているところがあるのです。

「エポケー」という「価値判断中止」は結構《けっこう》ですが、やはり、言うべきことは言わなくてはいけないと思います。お金だけの問題にしてはいけないのです。

安倍総理が中東でお金を撒《ま》いて歩き、「これは人道支援《しえん》だ」と言って、それを人質解放《かいほう》の条件《じょうけん》として使ったのは、作戦としてはよいと思います。しかし、「『イスラム国』がやっていることは間違っているから、ほかの国に協力《きょうりょく》をしたい」ということを、判断として立てなければいけなかったと思うのです。

「正しいかどうか」を推定《すいてい》するただ一つの方法《ほうほう》

あることについて、「正しいか、間違っているか」ということを判断するのは、とても難しいことです。ただ、これを推定《すいてい》する方法《ほうほう》が一つだけあるのです。それは、「とことん究極《きゅうきょく》までやったら、どうなるか」を想像することです。

例えば、「『イスラム国』のやっていることは正しいかどうか」ということを判断するのは非常《ひじょう》に難しいのですが、これについては、「彼らが、全イスラム圏、および、アフリカやヨーロッパの南部にまで広がったら、どうなるか」ということを考えればよいのです。

彼らはオスマン帝国《ていこく》のような大帝国をつくろうと考えていますが、「ああいう姿勢《しせい》を持った国家が広がることが、人類にとって幸福であるかどうか」ということを考えて、「それは、人類を現状よりも不幸にする」という判断をするなら、

「それは間違っている」という決断を、そこで下《くだ》さなくてはいけません。

彼らが広がることで幸福が広がるのなら、それで結構ですが、そうではないのなら、「それは間違っている」という判断を、そこで下さなくてはいけないのです。

これは、中国に対して私が言っていることと同じです。

中国国内では、習近平《しゅうきんぺい》国家主席《しゅせき》の意見だけですべてが通るようになっているかもしれませんが、二〇一四年には、香港《ホンコン》の人々は反政府デモを行い、〝雨傘《あまがさ》〟で闘《たたか》ったりして、いわゆる「雨傘革命《かくめい》」を起こしました。

「中国の考え方を全世界に広げたら、どうなるか」ということを考えたとき、「不幸になる国民や民族が非常に増《ふ》える」ということが明らかに分かります。それで

中国から香港への介入が強まるなか、2014年には香港の学生を中心に反政府デモが行われた。デモ参加者が雨傘を掲げたことから「雨傘革命」とも呼ばれる。

私は、「それが拡張《かくちょう》することには反対だ」と言っているのです。

これは一つの考え方です。「あることを、ほかの人がまねしていき、それが広がっていったとき、より大きな善《ぜん》を生むか、生まないか」ということを想像することはできます。それによって「善か悪か」を判断することが大事なのです。

アメリカ軍《ぐん》が警察《けいさつ》的機能《きのう》を捨《す》てたあと、世界で混乱《こんらん》が増《ふ》えた

オバマ大統領《だいとうりょう》は、軍事《ぐんじ》的撤退《てったい》をしていき、ノーベル賞をもらったりもしましたが、結果的に、中東に関しては、混乱《こんらん》をもたらし、不安定要因《よういん》を数多くつくりました。

実際上、軍事には、警察《けいさつ》的機能《きのう》と、人を殺戮《さつりく》するような暴力的機能と、この両方があります。

「オバマ大統領になって、アメリカ軍が警察的機能を捨《す》てたあと、世界で混乱が増《ふ》え、死ぬ人の数が増えてきているのだ」ということを知らなくてはいけません。

空爆だけはしていますが、オバマ大統領は地上戦を嫌《いや》がっています。それはアメリカ人が死ぬからです。それで空爆だけをやっているわけです。

ただ、「イスラム国」のほうからは、「自分たちにはない武器《ぶき》を使われ、一方的に攻撃《こうげき》されている。フェアではない」というように見えているのだろうと思います

（注。アメリカ軍空爆による「イスラム国」側の死者は六千人を超《こ》えると見られる。二〇一五年十一月十三日には、パリで、約《やく》百三十人が死亡《しぼう》、三百人以上《いじょう》が負傷《ふしょう》する、「イスラム国」による同時テロが発生。それに対する報復《ほうふく》として、さらに欧米によるシリア空爆が激《はげ》しくなり、ロシア軍による空爆だけでも約四百人の民間人を含む千三百人以上が死亡したと報じられている）。

基本的には、アメリカの中東政策から、「イスラム国」の問題は始まっているのでしょう。

アフガニスタンの情勢悪化を受け、オバマ大統領は「2016年末までに米軍撤退」の方針を転換、2017年以降も駐留延長という苦渋の決断を迫られた。

このように、「正義論」として、宗教が「正義」を考えるに当たっては、「神の領域としての正義」と「人間が考えてつくった正義」との中間点のところにおいて、世界中で綱引《つなひ》きが起きているのです。これを一つ知っておく必要があります。

4　「経済的《けいざい》な正しさ」とは何か

「結果《けっか》の平等」ではなく、「チャンスの平等」を

もう一つ、「経済的《けいざい》な問題」での正義論《せいぎろん》があると思います。

二〇一五年の年初《ねんしょ》に、私はトマ・ピケティ（フランスの経済学者）に関《かん》する話をしました（二〇一五年一月十

トマ・ピケティ（1971 〜）フランスの経済学者。専門は公共経済学。所得格差の拡大する状況を統計的に分析し、富裕層への課税による是正を主張。主著『21 世紀の資本』等。

一日説法《せっぽう》「『智慧《ちえ》の法《ほう》』講義《こうぎ》」)。

彼はマルクスの『資本論《しほん》』の現代版《げんだいばん》のような本(『21世紀《せいき》の資本』)を書き、「累進課税《るいしんかぜい》を強化し、相続税《そうぞく》をガッポリ取って、それで富《とみ》を均《なら》せば、世界がよくなる」というような考え方を出していますが、これは、マルクスが『共産党宣言《きょうさんとうせんげん》』のなかで言っていることと、まったく同じです。

ただ、これについても、「よくよく考えないと問題がある」ということを知っておいてほしいのです。

簡単《かんたん》に説明《せつめい》しましょう。

二〇一五年一月の大相撲初場所《おおずもうはつ》で横綱《よこづな》の白鵬関《はくほうぜき》が優勝《ゆうしょう》し、単独《たんどく》で最多《さいた》の優勝回数を記録しました。

「一人で三十三回も優勝する」ということについては、「『結果《けっか》平等』から見たら不公平《ふこうへい》で、非常《ひじょう》にけしからんことだ」という考え方はあると思います。

例《たと》えば、「一人で三十三回も優勝する必要《ひつよう》はない。一回だけでよい。一回優勝した人には、もう優勝する権利《けんり》はなくて、次のときには二番目の人が優勝するようにし、順番《じゅんばん》に優勝していけば、三十三人、優勝者が出るではないか。これが平等ではないか」などと言う人もいるかもしれません。

「結果平等」の考え方とは、こういうことなのです。

しかし、その世界は「何かがおかしい」ということは、お分かりになるはずです。「優勝した」と胸《むね》を張《は》れる人が三十三人も出てくるようにしたら、人類《じんるい》に対して善《ぜん》を施《ほどこ》したように見えますが、何かがおかしいのです。

何がおかしいかというと、「人の努力《どりょく》や精進《しょうじん》、多くの人々を喜《よろこ》ばせたことなどを公平に判定《はんてい》していない」ということです。それが、やはりおかしいわけです。

例えば、「イチローはヒットを打ちすぎだ。何本以上《いじょう》は打つべきではない」と規制《きせい》をかけたら、やはり、何かがおかしいことはおかしいのです。あるいは、

「ほかの人の取り分が減《へ》るから、イチローの給料《きゅうりょう》の一部を二軍《ぐん》の人にばら撒《ま》くべきだ」などという考え方も同様です。

生活保護《ほご》的に、多少、そういうことをやってもよいとは思うのですが、全部がそういう考えになったら、野球も相撲も面白《おもしろ》くなくなります。

また、それ以外に、商売の世界でも、実際《じっさい》上、しのぎを削《けず》るような戦《たたか》いをしています。智慧を絞《しぼ》り、汗《あせ》を流しているわけです。

したがって、「チャンスの平等」があるのは非常に大事なことであり、これは法的にも保護されなくてはいけないのです。

結果においては、ある程度《ていど》、差《さ》は出るので、最低《さいてい》ラインのところに対しては、一生懸命《いっしょうけんめい》、護《まも》らなくてはいけません。しかし、ある程度、開《ひら》きが生じることについては、それを受け止め、「祝福《しゅくふく》の心」を持たないと、総合《そうごう》的な発展《はってん》にはならないわけです。そのことは知っておいたほうがよいのです。

これを言っておかないと、やはり間違《まちが》いが起きるのではないかと思います。

「騎士道精神《きしどうせいしん》」を一種《いっしゅ》の文化カルチャーに

世の中には、二十歳《はたち》ぐらいで二億《おく》六千万円も年収《ねんしゅう》のある女優がいたりします。

それに対して、「二十歳で二億六千万円ももらうとは、まことにけしからんから、一千万円に抑《おさ》えて、あとは、ばら撒くべきだ」という考えもあろうかとは思います。

しかし、それだけのお金をもらえるようになるのは、やはり大変《たいへん》なことで、ものすごい競争《きょうそう》のなかで、多くの人に評価《ひょうか》され、勝ち上がってきているわけです。

そういう夢《ゆめ》があるから、多くの人が女優やタレントを目指していくことも事実です。

「白鵬関はモンゴル人だから、優勝させない」ということなら、これは、やはり差別《さべつ》であり、平等ではないので、よいことではありません。「十五勝したけれども、モンゴル人なので、十五勝のなかから五勝分だけマイナスを入れる」というようなハンディをつけたら、これも、おかしなことです。

昔、ハワイ出身の小錦関《こにしきぜき》が、よい成績《せいせき》なのに横綱になれなかったとき、アメリカの「ニューヨーク・タイムズ」などに、「小錦が横綱になれないのは人種差別《じんしゅさべつ》のせいだ」という記事が載《の》ったことがありますが、そういう記事が出た翌《よく》場所の成績が不振《ふしん》だったため、横綱昇進《しょうしん》の話が消えてしまったことがありました。

しかし、同じくハワイ出身の曙《あけぼの》は横綱になりましたし、白鵬関も、モンゴル出身だからといって、別に差別はされていません。「チャンスの平等」とは、このことです。モンゴル人であっても、優勝すれば、きちんと横綱として扱《あつか》われています。

もちろん、結果については、やはり差が出ます。それは、どうしても出るのです。しかし、優勝する人を讃《たた》えなければ、全体に面白くなりませんし、相撲自体がなくなってしまいます。

この両方をよく見てあげなくてはいけないのです。「それらの兼《か》ね合いのなかに発展の姿《すがた》はあるのだ」ということを知っていることが必要です。調整の原理は働《はたら》かなくてはいけませんが、全部をペタッと均《なら》せば済《す》むかというと、そんなことはないのです。

白鵬関は、勝つと賞金《しょうきん》の袋《ふくろ》をたくさんもらっていますが、彼は、あの袋を、支《し》度《たく》部屋に帰ったあと、太刀持《たちも》ちなど、自分の周《まわ》りにいる人たちに配っています。彼の周りには、水（力水《ちからみず》）を口に含《ふく》ませたり、まわしを着けたり、風呂《ふろ》で背中《せなか》を流したりしている人たちが何人もいるのですが、そういう人たちに配っているのです。

これは、当会が言っている「騎士道精神《きしどうせいしん》」です。横綱として、たくさん賞金をもらった分を、きちんと分配《ぶんぱい》しているのです。

彼が、「この人は、よくやってくれた」と思う人に、感謝《かんしゃ》の気持ちとして与《あた》える分には、それは、全然《ぜんぜん》、悪いことではありません。しかし、その賞金を強制的に全部取り上げて、他の人たちに撒いたら、優勝する原動力が失《うしな》われることになるのではないかと思うのです。

当会が「騎士道精神が大事だ」と言っているのは、そういうことなのです。そういうものを一種の文化カルチャーにしていけばよいと思います。

成功《せいこう》するためのチャンスは平等にし、なるべく多くの人に門戸《もんこ》を開き、チャンスを与えていくことが大事です。しかし、結果については、当然ながら、開きが出てきます。これは資本主義の原理です。

そして、差が開きすぎて、「儲《もう》けすぎた」と思った人には、それを社会福祉《ふくし》などで多くの人のために使っていくよう、宗教的《しゅうきょう》に勧《すす》めていくことが大事だと思います。

もちろん、法的に保護されず苦しい人たちに対して、政府《せいふ》や地方公共団体《だんたい》、NPO（非営利《ひえいり》団体）など、いろいろな団体が、救《すく》いの手を差し伸《の》べるために努力するのは、当然のことでしょう。

5 「発展《はってん》・繁栄《はんえい》の考え方」を日本から世界に

「智慧《ちえ》」が介在《かいざい》しなければ、「格差是正《かくさぜせい》」もプラスにはならない

本章で述《の》べてきたように、「正しさ」には、「政治《せいじ》的な正しさ」と「経済《けいざい》的な正しさ」の両方があります。

『正義論《せいぎろん》』で有名なのは、ロールズ（一九二一～二〇〇二）という、アメリカの政治学者です。十年以上《いじょう》前に亡《な》くなりましたが、この人の『正義論』も、要《よう》す

るに、基本的《きほん》には、「格差《かくさ》をなくすことが正義だ」という論調です。

それは、今で言えば、「約《やく》一パーセントの人が世界の富《とみ》の半分を持っている。けしからんではないか。その一パーセントから取って、他の人々に撒《ま》くことが大事だ」ということです。

しかし、世界の人口がものすごく増《ふ》えているので、それを撒いていっても薄《うす》まってしまい、結局《けっきょく》、川にお酒を流しているような感じになっていきます。それが事実なので、智慧《ちえ》を持って使わなければいけないのです。

単純《たんじゅん》な「格差是正《ぜせい》」だけが正義だとは、私は思っていません。「智慧」が介在《かいざい》しなければ、その「格差是正」もプラスにはならないのです。

「何らかの補助《ほじょ》を与《あた》えられれば、再《ふたた》び立ち上がることができる人たちには、何らかの補助を行い、チャンスを与えていく」という努力《どりょく》は、していったほうがよいと思います。

しかしながら、「『どのように働《はたら》こうとも、あるいは働くまいとも、結果《けっか》において、全部を同じに扱《あつか》う』という社会、要するに、共産《きょうさん》主義の理想のような社会をつくったら、それは〝人類《じんるい》の終わり〟だ」と考えています。

魚を与《あた》えるより、「魚の釣《つ》り方」を教える

本章は、哲学《てつがく》的で、やや難《むずか》しくなったかもしれませんが、私は、日本人の特性《とくせい》もよく考えつつ、日本から世界に発信《はっしん》できるような考え方を、できるだけつくっていきたいと思っています。

そういう意味での「正しさとは何か」ということについて、もう一段《いちだん》、ピシッと筋《すじ》を通し、そのなかから「発展《はってん》・繁栄《はんえい》の考え方」を輸出《ゆしゅつ》していきたいと考えています。

私は、基本的には、「魚を与《あた》えるよりは、『魚の釣《つ》り方』を教えるほうが正し

い」という考えを持っています。魚を与えても、持っている魚は必《かなら》ず尽《つ》き、手持ちの魚はなくなります。しかし、「魚の釣り方」を教えたら、教えられた側《がわ》は、一生、魚を釣ることができるのです。

「そういうことで日本が世界に貢献《こうけん》していくことは可能《かのう》だ」と基本的に考えています。

ただ、「宗教的《しゅうきょう》価値判断《かちはんだん》が正義の観念《かんねん》に入っていない」ということについては、日本人は深く反省《はんせい》すべきではないかと思っています。

Principle of Justice

第4章

正義《せいぎ》の原理

「個人《こじん》における正義」と「国家間における正義」の考え方

1 現代《げんだい》では最《もっと》も難《むずか》しい「正義《せいぎ》」というテーマ

法律《ほうりつ》によって判断《はんだん》されることの多い「個人《こじん》における正義《せいぎ》」

本章では、「正義《せいぎ》の原理」というテーマで述《の》べていきます。

昔、「原理シリーズ」として、幾《いく》つかのテーマについて説《と》きましたが（注。『幸福の原理』『悟《さと》りの原理』『ユートピアの原理』〔いずれも幸福の科学出版刊《しゅっぱんかん》〕に十大原理として所収《しょしゅう》）、「正義の原理」については、まだはっきりとしたかたちでは説いていません。今日《こんにち》においては、ある意味で、いちばん難《むずか》しい問題ではないでしょうか。

新聞の一面記事、あるいは、テレビの代表的なニュース、その他、さまざまな言論《げんろん》等を見るにつけても、「今日、あるべき正義の姿《すがた》とは何か」ということは分かりにくいというのが、本当のところかと思います。

もちろん、小さな意味において、個人《こじん》の生き方における「正義」には、通常《つうじょう》、みなさんが法律《ほうりつ》に基《もと》づいて生活しているなかで、「法律に違反《いはん》しない生き方をしているかどうか」というぐらいで判断《はんだん》されるものも数多くあるでしょう。旧《ふる》い宗《しゅう》教《きょう》において、「神からの教え」として降《お》りていたようなものにも、現代《げんだい》では、「刑《けい》法《ほう》」や「民法《みんぽう》」のなかに含《ふく》まれているものが数多くあるのです。

個人的なレベルでは、例《たと》えば、「殺《ころ》すなかれ」ということは、刑法における「殺人罪《さつじんざい》」として重い処罰《しょばつ》となりますし、「盗《ぬす》むなかれ」ということも、「窃盗罪《せっとう》」等として罰せられることがあります。そのように、刑法のなかにあるのです。

また、いわゆる「民法」というものでは、個人間、私人《しじん》間の紛争《ふんそう》を金銭《きんせん》問題として解決《かいけつ》しています。

例えば、「隣地《りんち》との境界線《きょうかいせん》はどこにあるのか」「どこまでが自分の土地で、どこからが向こうの土地か」といった、「土地の所有」に関《かん》する紛争が起きたときに、裁判所《さいばんしょ》も介入《かいにゅう》して、法律でそれを確定《かくてい》したりすることがあります。

あるいは、「結婚《けっこん》」については、本来、それは目に見えぬ契約《けいやく》ではあるのですが、結婚を法律で認《みと》めることによって法律的効果《こうか》を持たせたり、離婚《りこん》を認めて結婚を解消したりするようなこともあります。これは、紙の上で書かれたものではありながらも、一定の効果が生じるということが、法律に基づいて行われているのです。

このように、通常レベルにおいては、「『多くの国民に支持《しじ》された代表議員《ぎいん》』がつくる法案《ほうあん》によって決められた法律が、人々の市民生活を律《りっ》している」と言ってもよいかと思います。そして、それが世相に合わなくなってきた場合には、新しい法律がつくられたりするようなこともあるわけです。

ただ、それは、国によって落差《らくさ》があり、ある国では有罪で、ある国では有罪でないものもあります。

例えば、「同性間《どうせい》の結婚」が許《ゆる》される国も出てき始めている一方、認められていない国もあります。あるいは、麻薬《まやく》、覚醒剤《かくせいざい》等についても、厳《きび》しく取り締《し》まられるところもあれば、かなり緩《ゆる》いところもあります。このあたりには本当に難しいものがあるでしょう。

したがって、「善悪《ぜんあく》の判断を法律に任《まか》せる」という考え方はあるものの、国や地域《ちいき》によって違《ちが》いがあるわけです。アメリカのような国であれば、州によって考えが違うこともあり、必《かなら》ずしも、国として一つのものになっているとは言えないところもあるのです。

ただ、一般《いっぱん》的には、「法律によって決められていることは多い」というように言えるかと思います。

「宗教的《しゅうきょう》テーマ」が正義《せいぎ》の根拠《こんきょ》になっている中東非核化《ひかく》問題

ところが、個人としての問題ではなく、これがもっと大きな問題になってくると、「価値観《かちかん》の対立」というものが出てきます。例えば、「会社 対 会社」「組織《そしき》対組織」「国 対 国」で起きてくる場合があるでしょう。

そうしたものが、世界的に、さまざまな紛争の種《たね》になっているところだと思います。

例えば、二〇一五年五月、国連《こくれん》では、中東の国における核兵器廃絶《かくへいきはいぜつ》に関する話し合いが行われましたが、結局、アメリカ、イギリス等の反対によって流れてしまいました。

イスラエルが核武装《ぶそう》をしていることは分かっていることです。しかし、「わずか一千万人弱の人口であるイスラエルは、核兵器で武装して、アラブ諸国《しょこく》を攻撃《こうげき》できるが、それよりもはるかに多い人口を持つ周《まわ》りのアラブ諸国は核武装してはならない」という、「その正義《せいぎ》の根拠《こんきょ》はいったいどこにあるのか」を問うてみると、やはり、これは極《きわ》めて分かりにくいことでしょう。

英米《えいべい》がイスラエルを推《お》していて、イスラエルが潰《つぶ》れないようにするために核武装を認めているということは分かりますが、その根拠はどこにあるのかを探《さぐ》ってみると、やはり、そこには宗教的《しゅうきょう》なテーマがあると思われるのです。

世界各地《かくち》のキリスト教国では、『新約聖書《しんやくせいしょ》』だけではなく、『旧約聖書《きゅうやく》』も読まれています。この『旧約聖書』には、イスラエルの国においてつくられた歴史《れきし》、および、数多く出てきた救世主《きゅうせいしゅ》、預言者《よげんしゃ》等の教えが入っており、彼らはそれを学んでいるため、「『新約聖書』の前にあった神の教えが消えてしまうのは忍《しの》びないから、その元であるところのイスラエルという国を保存《ほぞん》したい」という気持ちが強く働《はたら》いているのでしょう。

一方、キリスト教以後《いご》に起きたイスラム教に対しては、キリスト教国はイスラム教国を一つの社会あるいは国家として認めていないわけではありません。しかし、その底流《ていりゅう》には、いまだ「宗教的な原理からすれば、イスラム教は中世的な悪《あく》魔《ま》の教えだ」といった見方が、かなり強いのではないかと思います。

もちろん、彼らも、そうしたことを口に出しては言いません。現代において、「イスラム教は悪魔の教えなんだ！」などと言ったら、イスラム教徒《きょうと》は怒《おこ》るでしょうし、それによって、テロがもっと頻繁《ひんぱん》に起きるようになる恐《おそ》れがあります。これは、日本だけではなく、キリスト教圏《けん》においても、はっきりと口に出しては言えないことでしょう。

ただ、「キリスト教文明 対 イスラム教文明」の争《あらそ》いは、三回にわたる大きな十字軍《じゅうじぐん》の戦《たたか》いを通しても決着がつかず、いまだ持ち越《こ》しています。

また、キリスト教文明からは、イスラム教圏は、テロを数多く行《おこな》っているところに見えており、そのテロの根っこの部分を押《お》さえるには、「イスラム教国家に強力な力を与《あた》えてはならない。イスラム教国に核兵器保持を認めて、核兵器でテロをされたらどうするのだ」というように考えてしまうわけです。

そのため、英米は、「イスラエルには核兵器があってもよいが、アラブ諸国にはあってはならない」というような考えを推し、そちらへ向かわせているところがあるのでしょう。

ただ、これには、ある種《しゅ》の価値判断が入っていることは間違いありません。文化的価値判断が必ず入っているはずです。そして、それが正しいかどうかについては、当然《とうぜん》、異論《いろん》の余地《よち》があるでしょう。

むしろ、これを自由にさせた場合、「イスラエルは、周りにいるアラブのイスラム教徒たち数億《おく》人を簡単《かんたん》に殺せるけれども、アラブの人たちがイスラエルに侵《しん》攻《こう》したら、即《そく》、核兵器を撃《う》ち込《こ》まれる」ということになりかねません。したがって、「これはかなり一方的だ」という考えがあるわけです。

ユダヤ人への迫害《はくがい》に「正義《せいぎ》」はあったのか

また別《べつ》の視点《してん》もあります。例えば、先の大戦《たいせん》のときに、ユダヤ人はヒットラーによって大迫害《だいはくがい》を受け、アウシュビッツ等で六百万人も処刑《しょけい》されたとも言われており、非常《ひじょう》に悲惨《ひさん》なことがありました。

しかし、そういうことが行われた背景《はいけい》としては、西暦《せいれき》三〇年前後にイエスが処刑されたことに遡《さかのぼ》ります。その四十年後ぐらいにユダヤの国はなくなり、ローマに支配されたあとは、イスラエルの国がないまま、千九百年余《あま》りの間、ユダヤ教徒たちは全世界に散《ち》っていました。その人々のことを

現在のポーランド南部にあったアウシュビッツ・ビルケナウ強制収容所。

「ディアスポラ」（散らされた者）とも言います。千九百年間、国のない民《たみ》として漂《ただよ》っていたわけです。

また、中世では、例えば、シェークスピアの物語などにもあるように、ユダヤ人が金貸《かねか》し等をしていて嫌《きら》われていたことは、よく知られています。「お金や宝《ほう》石《せき》しか頼《たよ》りになるものはない」ということから、金銭のほうに傾斜《けいしゃ》していたため嫌われていたようなのです。

このように、ヒットラーの動きの背景には、中世におけるヨーロッパの感情《かんじょう》などもありましたし、さらに言えば、『新約聖書』のなかに、次のようなことが書かれています。

イエスを十字架《じゅうじか》に送るとき、死刑になる人のなかに一人の凶悪犯《きょうあくはん》がいたのですが、「どちらかを許してもよい」と言ったローマ人の総督《そうとく》に対し、広場に集まっていたユダヤ人たちは、祭司《さいし》たちを中心に、「イエスを処刑し、殺人をした者のほうを無罪放免《むざいほうめん》にしろ」と、突《つ》き上げるようにして言いました。そして、「その責任《せきにん》は、われらとその子孫《しそん》が受ける」と言ったのです。

そのように、『新約聖書』にはっきりと書いてあるので、「その呪《のろ》いが二千年後に成就《じょうじゅ》した」とすれば、そうした面もあると言うこともできるわけです。長い歴史のなかで決まってきていることでもあり、そういう意味では非常に難しいところがあります。イエスを処刑した罪《つみ》が、二千年後に問われた面もないわけではないのです。

「その血の代償《だいしょう》は、われらに及《およ》ぼしてください」ということで、イエスの処刑は、ローマの責任ではなくイスラエルの責任としているので、それがヒットラーに利用《りよう》されたといえば、そういうことにもなるでしょう。

現在《げんざい》ただいまの問題について「正義《せいぎ》」を判断《はんだん》することは難《むずか》しい

そのような経緯《けいい》もあって、第二次大戦後、「ユダヤ人がかわいそうだから、国をつくってあげないといけない」ということで、欧米《おうべい》の力によって、中東の一部にイスラエルの国を建国《けんこく》したわけですが、それがまた、アラブ諸国とのさまざまな紛争、何次にもわたる中東戦争を生んでしまったようなところがあります。

しかし、これが、「ユダヤ人はヒットラー政権下《せいけんか》の戦争によって被害《ひがい》を受けたから、国をもらい、自分たちを自衛《じえい》するための武器として、特別《とくべつ》に核兵器をもらった。それは当然なのではないか」といった同情による、「当然の正当防衛《ぼうえい》」というような考えであるならば、どうでしょうか。

それと同じ論理を使えば、日本についても言えるわけです。

先の大戦で原爆《げんばく》を落とされたのは、日本だけです。唯一《ゆいいつ》、日本だけが、原爆を二発落とされました。したがって、その論理で行けば、「原爆という非人道的行《こう》為《い》によって、日本では、二十万人もの人が一瞬《いっしゅん》にして命を失《うしな》った。これは、人間としてあるまじき行為である。したがって、同情されるべき原爆被害を受けた日本は、核武装をしても構《かま》わない唯一の国である」という論理も成《な》り立つわけです。イスラエルと同じ論理を使った場合には、そのようにも持っていけるのです。

ただ、今のところは、そこまでできないでいます。

また、ドイツは、ヒットラー政権下でヨーロッパを侵略《しんりゃく》したため、いまだ懺悔《ざんげ》の生活が続《つづ》いているわけではありますが、今のEU（欧州《おうしゅう》連合）はドイツが中心であることは間違いありません。「贖罪《しょくざい》の国」が中心になっているわけです。

一方、太平洋圏はというと、やはり、謝《あやま》ってばかりいる日本が中心になっています。

今の中国の覇権《はけん》主義に対し、恐怖《きょうふ》を覚《おぼ》えているアジア・オセアニアの国々が頼りにしているのは、日本です。彼らは日本を頼りにしており、「何とか、中国の盾《たて》になってほしい」と思っているところがあるのです。

そこで、安倍《あべ》首相は、今、太平洋の島に計五百五十億円を支援して親交を図《はか》ろうとしています。はっきり言えば、防衛もできるようにする方向に動いています。すなわち、中国の「海のシルクロード戦略《せんりゃく》」に対し、「島嶼《とうしょ》防衛型《がた》」で対抗《たいこう》しようとしているわけです。これは、かつての大東亜共栄圏《だいとうあきょうえい》のようなことを、もう一回しているように見えなくもありませんが、それは、「来たるべきものを感じている」ということでしょう。

このように、「正義《せいぎ》の問題」は、大きくなってくると非常に分かりにくくなります。また、歴史においては、「歴史家が過去《かこ》を振《ふ》り返って判断《はんだん》する」という結果論になることが多く、現在《げんざい》ただいま、あるいは、これから先のことについて、あらかじめ価値判断をすることは、とても難《むずか》しいことであろうと思います。

2 宗教《しゅうきょう》の立場から見た「正義《せいぎ》」

「個人《こじん》における正義《せいぎ》」は「神の子・仏《ほとけ》の子としての自覚《じかく》」から始まる

本章では、「個人《こじん》における正義《せいぎ》」から、「国家間の正義」の問題について論及《ろんきゅう》しようと考えているわけですが、宗教《しゅうきょう》の立場から述《の》べるならば、最初《さいしょ》は、やはり「個人における正義とは何か」ということになります。

私の『新・日本国憲法《けんぽう》 試案《しあん》』（幸福の科学出版刊《しゅっぱんかん》）の草案《そうあん》にも書いてあるように、個人が「神の子・仏《ほとけ》の子としての自覚《じかく》」を持てる方向で、いろいろな自《じ》己実現《こじつげん》に向かって進めるということが、「正義」と考

『新・日本国憲法 試案』
（幸福の科学出版）

えてよいと思います。

逆《ぎゃく》に言えば、それを抑《おさ》えていくような動きは間違《まちが》っているのではないかと思います。

学校教育、大学、あるいは社会においても、唯物論《ゆいぶつろん》の研究はそうとう進んでいますし、科学のなかにもかなり入っていますが、それはそれで有用なところも当然《とうぜん》あります。

例《たと》えば、新幹線《しんかんせん》やリニアモーターカー等にしても、唯物論的な研究がなければ進まないというのはそのとおりであり、そうしたものを否定《ひてい》するものではありません。

しかし、そういうものを認《みと》めることが、霊的《れいてき》なものや、あの世、神様・仏様を否定する方向に行くような単純《たんじゅん》思考で、「白か黒か」「一か〇《ゼロ》か」ということになっていくのであれば、これは明らかに間違っていると言わざるをえません。

すなわち、現在《げんざい》の学校教育ならびに大学教育、あるいは社会人の科学的な活動のなかに、明確《めいかく》な間違いが刷《す》り込《こ》まれて入っているということなのです。

そうした間違った教育の流れのなかで、人々が研究をしたり、生活を立てたりしていると、それが思想・信条《しんじょう》として染《し》み込んでいき、「神の子・仏の子としての自覚」は消えていきます。あるいは、「人間はこの世限《かぎ》りの存在《そんざい》だ」というように考えるところが出てくるわけです。ここが、非常《ひじょう》に怖《こわ》いところではないかと思います。

つまり、「神の子・仏の子の自覚」を阻害《そがい》する方向に向かうような動きは、基《き》本的《ほん》には、やはり、個人レベルで見た場合の正義を妨《さまた》げることになっていると言えるでしょう。

ある意味で、「自分は、肉体として生きている存在でありながら、魂《たましい》的存在でもあり、天上界《てんじょうかい》に高級諸霊《しょれい》、あるいは神仏《しんぶつ》といわれる存在があって、その子供《こども》であるのだ」と自覚できる社会体制《たいせい》をつくっていくようにすることが、正しい動き方であるのです。

「マニ教的善悪《ぜんあく》二元論《ろん》の否定《ひてい》」から始まった近代の政治《せいじ》原理

ここでさらに話を進めると、そういうものは近代の政治《せいじ》原理と関係《かんけい》があり、手短《てみじか》に述べるとすれば、カントあたりから問題があると思うのです。

カントの哲学《てつがく》のなかに、正義論《ろん》に当たるものがあるのですが、このドイツの哲学者は、マニ教的な善《ぜん》悪《あく》二元論を否定《ひてい》し、理性《りせい》に基《もと》づく「定言命法《ていげんめいほう》」、つまり、「自分の意志《いし》によって、『このように生きれば道徳《どうとく》に適《かな》う』という生き方を選《えら》べ」という、「格率《かくりつ》」ということを言いました。

イマニエル・カント（1724～1804）ドイツの哲学者。ドイツ観念論哲学の祖。主著『純粋理性批判』等。

要《よう》するに、「神様が決めた善悪の考えはさておき、理性に基づいて、自分が行うことについて、ほかの人がまねをしてもいいような行動を取りなさい。それが新しい正義のあり方である」ということを説《と》いたわけです。

それは、「神なき時代」においては非常に分かりやすい考え方であり、彼はその考え方のなかで、マニ教的な善悪二元論を明確に否定しましたが、そのような善悪二元論は、マニ教だけにあったものではないのです。

キリスト教がマニ教と戦《たたか》ったのは事実です。

キリスト教が紀元《きげん》一世紀に起きた宗教であるのに対し、マニ教は紀元二〇〇年代から三〇〇年代に活発化した宗教です。教祖《きょうそ》が生きている間に、一時期は世界宗教にまでなったものの、キリスト教による迫害《はくがい》でそうとう追いやられてしまい、最後は、マニ教のもとになった、ペルシャのゾロアスター教によって滅《ほろ》ぼされたのです。

ちなみに、アウグスチヌスの『告白《こくはく》』には、このマニ教的なものから回心《かいしん》してキリスト教に戻《もど》るということがテーマとして書かれており、カントの考えもそれを踏《ふ》まえたものだと思います。

ただ、このマニ教的善悪二元の考え方は、ほかの宗教にもたくさんあるわけです。仏教《ぶっきょう》にも善悪はあり、キリスト教にも善悪はあります。いろいろな宗教に善悪はあるのです。

基本的に、善悪を教えない宗教は、極《きわ》めて珍《めずら》しいものです。禅宗《ぜんしゅう》の一派《いっぱ》や、あるいは、浄土真宗《じょうどしんしゅう》のようなところで、「善悪はもはや分けられない。一体のものだ」という言い方をすることもありますが、それは別《べつ》の意味での言い方であって、本来、善悪がないわけではありません。

「人の善を推《お》し進め、悪を押《お》しとどめる」ということは、仏陀《ぶっだ》の基本的な思想

アウレリウス・アウグスチヌス(354〜430)古代キリスト教世界を代表する神学者。主著『神の国』等。

であり、宗教的には、そうでなければならないものなのです。

つまり、カントは、こうした神仏的な「天上界から来た教え」を拒否《きょひ》し、「人間の世界のなかにおいて、自分の意志でしたことが、ほかの人をも動かすような格率になる」というように、「人々がまねをしてもいいようなことをすることが正義だ」と考えたのです。これが近代の出発点にもなっています。

さらに、ロックやルソーなどの思想家による「契約《けいやく》説《せつ》」の思想が入ってきて、「社会契約をつくり、人々がそれに縛《しば》られて生きていくことが正しいことなのだ」というような考え方になってきたのです。

要するに、近代社会においては、「神や仏がいなくてもいい社会」をつくろうとしたわけです。

ジャン・ジャック・ルソー(1712～1778)フランスの啓蒙思想家。人間の平等と国民主権を主張。主著『社会契約論』等。

ジョン・ロック(1632～1704)イギリスの哲学者。個人の優位と、政府の権力分立論を主張。主著『市民政府二論』等。

近代の政治改革《せいじかいかく》はどのようにして起こったのか

おそらく、このもとには、中世における暗黒裁判《さいばん》や、新教や旧教《きゅうきょう》の戦いといった宗教戦争《せんそう》、あるいは、教会がいろいろと口を出して混乱《こんらん》を起こすようなことなどが数多くあったために、そういうものから離《はな》れようとした流れがあったのだと思われます。

つまり、哲学と科学が宗教から遊離《ゆうり》してきたわけですが、それは、教会から逃《に》げようとしてつくったものであると言えるでしょう。

カントは、そのことを十分に知っていたはずです。自分が〝神様の首を斬《き》ろうとした〟ことを、彼は知っていたはずなのです。

そして、フランス革命《かくめい》が起きます。カント、それからルソー等の思想を通してフランス革命が起き、近代の政治改革《せいじかいかく》の大きな流れになっていくわけです。

こうしたなかで、もちろん、よいこともたくさんありました。「平等」や「自由」が推し進められ、各人《かくじん》が独立《どくりつ》した個人として認められることで、国家の構成員《こうせいいん》、あるいは主権《しゅけん》をつくる主体として活動できるようになったということは、昔に比《くら》べれば、各人に与《あた》えられた責任《せきにん》や義務《ぎむ》、能力《のうりょく》、権力、権利《けんり》等がかなり増《ふ》えたということでしょう。

その意味においてはよいところもあったはずですが、一方では忘《わす》れ去られているものもあります。ここが次の大きな問題であると思うのです。

今、「血の通《かよ》った正義《せいぎ》」が失《うしな》われつつある

近代の哲学は、もはや神も仏も分からなくなってきています。科学のほうにも、どちらかといえば、「目に見えない世界は否定していく」という基本的な法則《ほうそく》が出てきており、こうしたことが二、三百年ほど続《つづ》いています。

そのため、宗教というのは、文化人類学《じんるいがく》や考古学などの仲間《なかま》として扱《あつか》われるようになってきているのです。

要するに、宗教学は、例えば、土を掘《ほ》ると出てくる人骨《じんこつ》や瓶《かめ》、石棺《せっかん》、石斧《いしおの》などを見て、「考古学的にどうか」「文化人類学的に、こんな生き方をしていたのだろうか」というように考えることと同じレベルになってきているわけです。

「古代人はすべて後《おく》れた人種《じんしゅ》であり、現代人が最高に進んでいるのだ」ということで、「縄文《じょうもん》時代の思想のような、昔のものは、今はもはや顧《かえり》みる必要《ひつよう》はない」というような考えになっていることが多いのです。

ところが、例えば、「進化している」と思っているような、二十世紀、二十一世紀の哲学なども、二千年以上《いじょう》前のソクラテスやプラトンの時代から進化しているとは決して思えません。それは、言葉遊びやゲームのような理論的なものになってしまっていて、記号や数学の問題にすり替《か》わっています。ですから、人間の生き方とはまったく関係のないものになってきているのです。

これでは、「本当に進化したのかどうか」ということが分からないところはあります。

そのような意味で、私には、「血の通《かよ》った正義《せいぎ》」が失《うしな》われつつあるような気がしてなりません。

3 憲法論争《けんぽうろんそう》をめぐる「正義《せいぎ》」の考え方

学者たちが言う「立憲主義《りっけんしゅぎ》」の間違い

二〇一五年、日本では、沖縄《おきなわ》の米軍基地《べいぐんきち》を普天間《ふてんま》から辺野古《へのこ》へ移転《いてん》することへの反対運動や、沖縄県知事による反対運動等を通して、左翼《さよく》からの巻《ま》き返しが非《ひ》常《じょう》に激《はげ》しくなり、そのなかで、憲法《けんぽう》の問題もそうとう大きくなりました。

この問題の中心は、ほとんどが「憲法九条《じょう》問題」です。

日本は憲法九条で戦争《せんそう》を放棄《ほうき》しているので、要《よう》するに、戦争ができないのです。

また、陸海空軍《りくかいくう》も放棄しています。つまり、「国際紛争《こくさいふんそう》を解決《かいけつ》する手段《しゅだん》としての戦争」というものを放棄していることになり、実際、ここに非常に大きな矛盾《むじゅん》があるわけです。

この問題に関《かん》して、憲法学者、および、新聞やテレビなどに出てくるような、プロフェッショナルの左翼系《けい》ジャーナリストたちを中心に、しきりに「立憲主《しゅ》義《ぎ》」ということが非常に強く言われています。

「立憲主義によって、天皇《てんのう》、それから首相やその他の大臣《だいじん》、役人、公務員《こうむいん》等は縛《しば》られている。ところが、今、内閣《ないかく》の解釈《かいしゃく》によって、安保法案《あんぽほうあん》など、いろいろな法律《ほうりつ》をたくさんつくっているが、こういうのはおかしい」ということを彼らは言っています。

それについて、あまり多く述《の》べても理解するのはかなり難《むずか》しいでしょうし、読者が法律の専門家《せんもんか》ばかりではないので、できるだけ簡単《かんたん》に述べるとするならば、「ここに一つの間違《まちが》いがある」と、私は見ています。

「憲法《けんぽう》が国民《こくみん》を縛《しば》る」のではなく、「主権者《しゅけんしゃ》の国民が憲法をつくる」

では、どこに間違いがあるのでしょうか。

「立憲《りっけん》主義」とは、憲法《けんぽう》、あるいは法律等をつくり、それに基《もと》づいて国の政治《せいじ》を動かしていこうとする考え方です。

ただ、そのなかには、「立憲君主制《くんしゅせい》」という言葉もあるように、君主制を維持《いじ》しながらの立憲主義もあります。

要するに、君主は独裁《どくさい》化しやすいものなので、立憲君主制の場合は、憲法で君主の機能《きのう》をある程度規定《ていどきてい》し、「できること」と「できないこと」をはっきりさせているのです。

日本の憲法にも、そういう面が一部あります。日本国憲法のなかには、「天皇は国政に関する権能《けんのう》を有しない」とありますし、国事に関する行為《こうい》についても、はっきりと明示《めいじ》していて、「これ以外《いがい》のことはできない」ということになっています。そのため、確《たし》かに、立憲君主制的な、君主を縛《しば》るものとしての憲法という部分もあることはあるのです。

しかし、「立憲主義」という言葉そのものには、もともと「憲法を立てる」という以上の意味はなく、「憲法を立てて、国の運営《うんえい》をする」という考え以上のものではありません。そのため、「立憲民主制《みんしゅ》」「立憲民主主義」という考え方もあるわけです。

立憲民主主義とは、要するに、「憲法を立てての民主主義」であり、これは、ほかの国にもあります。民主主義国家のなかには、憲法が立っている、立憲民主主義の国もあるのです。

では、「立憲民主主義であれば、憲法は民主主義を拘束《こうそく》できるのか」というと、有力説《せつ》としては、「拘束できない」ということになります。

なぜなら、日本の憲法は、「国民主権」ということを言っているからです。国民は主権者であり、主権の発動として、憲法も法律もつくることができます。

つまり、憲法などは、そうした民主主義的な意志《いし》の力でつくることができるものなので、憲法によって、民主主義のところまで全部拘束することはできないことになるのです。

「立憲主義《りっけんしゅぎ》」と「法《ほう》の支配《しはい》」を混同《こんどう》している憲法学者たち

また、「立憲主義《りっけんしゅぎ》」は、「法《ほう》の支配《しはい》」とよく間違われています。法に基づいて、すべての物事《ものごと》を考えていくという「法の支配」と「立憲主義」とを混同《こんどう》しているところがあり、立憲主義を「憲法の支配」という意味に取って、「憲法がすべてを支配しているのだ」という考え方に持っていっているのです。

専門家である憲法学者であっても、「立憲主義」を「法の支配」と同じように使っているところがあるのですが、ここには、大きな間違いがあります。

憲法というものは、国の大きな方向性や考え方を決めるものであり、基本的には、「基本的人権を守る」という部分と、「自国が、どういう仕組みであるか」という部分になります。なお、仕組みとしては三権分立型《がた》がほとんどです。

要するに、憲法は、国民の権利《けんり》を守る部分と、「統治《とうち》の原理」の部分から出来上がっているのです。

ただし、どうしても文言《もんごん》が抽象《ちゅうしょう》的であり、条文の数も少ないので、細《こま》かいところまでは行き渡《わた》りません。そのため、憲法そのものは、当然《とうぜん》ながら、その時代や必要《ひつよう》に応《おう》じて、解釈を加《くわ》えたり、法律を具体化したりして、その意味を、少し変《へん》遷《せん》させていかなければいけない面があるのです。

憲法学者は、このあたりのところを間違えているのではないでしょうか。憲法について、「いったんできたら、『モーセの十戒《じっかい》』のように、ずっと後生《ごしょう》大事に守らなければいけないものだ」と考えるようなところがあるのですが、実は、そうではなくて、解釈可能《かのう》な余地《よち》があるのです。

したがって、「憲法には一切《いっさい》、触《ふ》れてはならない」という考え方は、基本的に間違っていると言わざるをえません。

日本国憲法《けんぽう》自体が「憲法違反《いはん》」をしている

特《とく》に、改憲《かいけん》反対論者《ろんしゃ》たちの問題点は、「主権の概念《がいねん》」が基本的に欠《か》けているというところでしょう。彼らには、根本的に「主権」という考えがないのです。

そういう意味では、現行の日本国憲法自体が、実は、憲法違反をしています。

要するに、日本では、憲法九条によって、陸海空軍も持てず、国際紛争を解決する手段としての戦争もできないということになっているので、これを正直にそのまま読むと、「日本という国では、主権者である国民が防衛《ぼうえい》をしようとしても、できない」ということになるわけです。

はっきり言って、憲法九条自体が国民主権に違反しているのですが、改憲反対論者たちはそこを見落としています。明らかに、主権国家としての考え方に反している面があるので、そのあたりはよく考えなければいけません。

このように、今は、「立憲主義」と「左翼」とが、ほとんど同じような言葉になってきているのですが、使い方としては問題があるでしょう。また、立憲主義という言葉そのものは、「憲法を戴《いただ》いて国家を運営する」という意味なので、「法の支配」と同じではないのです。

4　「法治主義《ほうちしゅぎ》」「法による支配《しはい》」の危険《きけん》性

「法治主義《ほうちしゅぎ》」の反対語は「徳治主義《とくち》」

「法《ほう》の支配《しはい》」というのは、「法治主義《ほうちしゅぎ》」にかなり近い考え方です。「法治国家はよいものだ。法治主義はよいことだ」という考えもありますが、法治主義とは、「法律《ほうりつ》によって支配する」という考え方なのです。

これは、通常《つうじょう》の学校の校則《こうそく》のようなものでしょう。「校則では、こうなっている」といっても、個別《こべつ》の問題がいろいろと出てくるので、その都度《つど》、校長や教頭、教職員《きょうしょくいん》たちで判断《はんだん》を加《くわ》えないといけないことがあります。要《よう》するに、「この行為《こうい》は、校則違反《いはん》に当たるか、当たらないか」という判断を加えなければいけないことがあるわけです。

それと同じで、法治主義が万能《ばんのう》ということはありえません。やはり、法律で全部を縛《しば》ってしまうということは、実際《じっさい》上、無理《むり》でしょう。

さらに言えば、「法治主義」という言葉自体も、実は、「徳治《とくち》主義」の反対語としてつくられているものであり、徳治主義を否定《ひてい》して、法治主義というものが出てきているのです。

しかし、私は、よく、「徳治主義も、けっこう大事なのだ」と説《と》いています。

確《たし》かに、「聖徳太子《しょうとくたいし》の十七条憲法《けんぽう》は徳治主義であり、こんなものは憲法ではないし、法律ではない」と言う方もいるかもしれません。ただ、近代では、リンカンも、やはり、徳治主義的な考え方をずいぶん持っていました。

聖徳太子（574～622）政治家。推古天皇の摂政。冠位十二階や憲法十七条を制定。主著『三《さん》経《ぎょう》義《ぎ》疏《しょ》』等。

エイブラハム・リンカン（1809～1865）アメリカ合衆国第16代大統領。南北戦争を終息させ、奴隷解放に導いた。

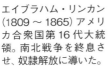

さらに、アメリカ合衆国憲法《がっしゅうこく》も、「神が創《つく》られた人間としての使命」というものを含《ふく》んだ考え方を持っており、そのなかには、徳治主義的な考えが入っています。

ところが、表面だけを学んで、機械《きかい》文明とロボットを考えるような理性《りせい》だけで世の中を律《りっ》していけるとか、人間生活を規定《きてい》できるとかいう思想を持つ人だけになったらどうでしょうか。やはり、そういう人が国を動かしていくようになると、残念《ざんねん》ながら、そこには、血が通っていない人間生活というものが出てくることになるわけです。

「法治主義《ほうちしゅぎ》」も行きすぎると危険《きけん》な面がある

法治主義《ほうちしゅぎ》は、一般《いっぱん》的には結構《けっこう》なものであり、交通ルールと同じで、ピシッとしていないといけません。バラバラだと困《こま》るものではあります。

ただ、気をつけないと、逆《ぎゃく》に、人間を縛《しば》って、駄目《だめ》にしてしまい、不幸《ふこう》にしてしまうこともあるので、そのあたりの加減《かげん》は難《むずか》しいでしょう。

例《たと》えば、中国の習近平《しゅうきんぺい》国家主席《しゅせき》は、法家《ほうか》思想といって、「つくった法律《ほうりつ》は万能《ばんのう》であり、それに支配《しはい》される」という考え方を持っています。そして、『韓非子《かんぴし》』を書いた韓非という方や、法家思想を応用《おうよう》して国をつくった商鞅《しょうおう》という方などをモデルにして、今、国を運営《うんえい》しているようです。

ところが、この商鞅も、自分のつくった法律のために、自分が処刑《しょけい》されているぐらいなのです。立法者よりも法律のほうが優先《ゆうせん》され、法律によって、その立法者自身が殺《ころ》されました。

日本でも、そのようなことは明治《めいじ》時代にありました。

韓非(前280頃～同233) 中国戦国時代の法家を代表する思想家。主著『韓非子』。

商鞅(前390～同338) 中国戦国時代の法家思想家。「変法」による国政改革で、始皇帝による天下統一の基礎を築いた。

そういう人もいるので、これは気をつけないといけないところでしょう。

もちろん、独裁者《どくさいしゃ》が法律をつくった場合にも、そういうことはあるのですが、国民《こくみん》が主権者《しゅけんしゃ》として法律をつくった場合にも、「法律に反したら、国民は皆殺《みなごろ》しにされる」というのでは、やはり困ります。それならば、法律のほうを変《か》えなければいけません。

そういう意味で、法治主義も行きすぎてはいけないのです。

自由を規制《きせい》する法律《ほうりつ》が増《ふ》えると、人間生活が不便《ふべん》になる

また、一般的には、「法《ほう》による支配」も結構なことだと思います。

法律《ほうりつ》の最《もっと》もよい面は、警告《けいこく》的な意味で、例えば、「こういうことをしたら犯罪《はんざい》になりますよ」とか、「罰金《ばっきん》を取られますよ」とか、あるいは、他人と権利関係《けんりかんけい》について争《あらそ》っている場合であれば、「民法に基《もと》づけば、こういうことをすると、

あなたのほうが負けますよ」とかいうようなことを、あらかじめ教えてくれているところでしょう。

そういう意味で、紛争《ふんそう》の予防《よぼう》としては、非常《ひじょう》に役に立つことがあるのです。ただ、「何もかもがこれでやれる」と思ってはいけません。

特《とく》に、国会では、毎年毎年、法律ばかりつくっています。そのため、私の学生時代に比《くら》べると、『六法全書』がやたらと厚《あつ》くなってしまい、持ち運びもできないほどです。読めないぐらい厚くなってしまって、まるで、『百科事典《じてん》』のような感じであり、「これを覚《おぼ》えている人はいるのだろうか」と、少々心配になるぐらいではあります。

そのように、法律をたくさんつくってはいるものの、やはり、要《い》らなくなった法律は、間引《まび》いていかなければいけません。しかし、時限《じげん》立法ではないため、なかなか廃止《はいし》することができないのです。そのため、法律は増《ふ》えていく一方であり、本当に困るところがあります。

これは、私もよく述《の》べているのですが、税金《ぜいきん》が少ないほうがよいのと同じように、やはり、法律も少ないほうがよいでしょう。というのも、法律は人間を縛るものだからです。

経済学者《けいざいがくしゃ》のハイエクが述べていますが、「たとえて言えば、法律とは柱のようなものだ。その柱にはぶつかってはいけないけれども、柱にぶつからない範囲《はんい》、つまり、法律の範囲内であるかぎりは自由に動ける」というようなことかもしれません。

つまり、自由を保障《ほしょう》するものとしての法律は構《かま》わないとしても、単《たん》に自由を規《き》制《せい》する法律がたくさん増えていくと、人間生活は非常に不便《ふべん》になるわけです。それは、よいことではないでしょう。

法律《ほうりつ》が残《のこ》って、民《たみ》が滅《ほろ》びてはいけない

そういうことも含《ふく》めて、私は、法律《ほうりつ》を中心にして近代国家が動いていること自体を否定《ひてい》するつもりはありません。しかし、法律が万能ではないことも事実です。また、国際法《こくさい》や、国際機関《きかん》による判断《はんだん》もあるとは思いますが、実行力の担保《たんぽ》がなければ、言うことをきかない国が現《げん》にあるということも事実なのです。

そういう意味で、やはり、勇気《ゆうき》を持って決断しなければいけないところもあるのではないでしょうか。

安倍《あべ》政権が国会に提出《ていしゅつ》した安保関連法案《あんぽかんれんほうあん》は（注。二〇一五年九月十九日、集団《しゅうだん》的自衛《じえい》権の行使容認《ようにん》を含む安全保障関連法案が、参議院本会議で可決、成立した）、左翼《さよく》からすれば、〝戦争法案《せんそう》〟に当たるわけで、形式的には、「憲法《けんぽう》九条《じょう》を改正《かいせい》してからにするべきだ」というのは、筋論《すじろん》としては、確かにそのとおりかと思いま

す。ただ、これは、法整備《せいび》をしておくことで、「たとえ憲法改正が失敗《しっぱい》したとしても、国を護《まも》れる体制」をつくろうとしているのです。

もちろん、憲法も国体の一部であるとは思うのですが、立法権者の根本《こんぽん》であるところの国民《こくみん》が、生命・安全・財産《ざいさん》を実質《じっしつ》的に侵《おか》されるような状況《じょうきょう》に対して、異《い》議《ぎ》申し立てをしたり、あるいは、変更《へんこう》したりするのはやむをえないと思います。それは、ある意味で、「革命《かくめい》権」や、「国家緊急《きんきゅう》権」のようなものでもあるでしょう。

例えば、「みな、アウシュビッツの強制収容所《しゅうようじょ》に放り込《こ》まれて殺される」というような状況において、何もできないというのはおかしいのです。やはり、法律が残《のこ》って、民《たみ》が滅《ほろ》んでしまってはいけないと思います。

『大震災予兆リーディング』
(幸福の科学出版)

いずれにせよ、「正しさが実現されず、正義ではないものが地上を覆《おお》う」ということであるならば、天変地異《てんぺんちい》による反作用もあるかもしれませんが（『大震災予兆《だいしんさいよちょう》リーディング』〔幸福の科学出版刊《しゅっぱんかん》〕参照《さんしょう》）、とにかく、人間としてやれることは、やらなければならないわけです。

今、中国も、日本に少し融和《ゆうわ》的な態度《たいど》を取り始めてはいるものの、南沙諸島《なんさしょとう》に、珊瑚礁《さんごしょう》を埋《う》め立てて三千メートル級の滑走路《かっそうろ》をつくろうとしているあたりで、他国侵略《しんりゃく》の意図は明確《めいかく》に出てきています。

これについては、アメリカが非常に牽制《けんせい》して

中国が南沙諸島のファイアリー・クロス礁に建設を進めていた約3000メートルの滑走路は2015年９月には完成したと見られる（写真：IHS Jane's より）。

いますが、このままであれば紛争が起きるでしょう。そのため、中国は日本のほうに歩み寄《よ》りを見せているわけです。

そのように、やや力を見せなければ分からない国もあるので、われわれは、あまり古い考えだけにとらわれてはならないと思います。

5　世界における「正義《せいぎ》」の考え方

世界で対立している「二つの流れ」

はっきり言って、今、世界は二つの流れで対立しているのです。

一つは、アメリカ中心の流れです。それは、「民主主義《みんしゅしゅぎ》」「自由主義」「基本的《きほんてき》人権《じんけん》」「市場経済《けいざい》」といった考え方を押《お》し広げたいという勢力《せいりょく》であり、これに賛《さん》同《どう》する勢力です。

もう一つは、「こうしたものを押し広げられると、自分たちの国の考え方や、やり方に引っ掛《か》かる」という勢力です。

これら二つの勢力のぶつかり合いが起きているわけです。

例《たと》えば、「民主主義」を、ずばり当てはめられると困《こま》る国があります。国名上は、「民主主義」とか「人民〇〇国」とかになっていても、実際《じっさい》はそうではありません。北朝鮮《きたちょうせん》や中国は「民主主義」と言っていますが、〝いつでも死刑《しけい》にできる民主主義〟なので、怖《こわ》いところがあります。やはり、名前だけでは駄目《だめ》でしょう。それから、「基本的人権」が薄《うす》い面もあるのです。

ただ、そう指摘《してき》しているアメリカ自身も、同じように〝反撃《はんげき》〟されています。

昨今、黒人射殺事件《しゃさつじけん》などが起きて、黒人差別《さべつ》の問題が数多く出てきていますが、これは反省《はんせい》しなければいけないところではありましょう。

なお、アメリカの国際政治学《せいじがく》を勉強すると、「民主主義国は戦争《せんそう》をしない」と思っている節《ふし》があるように感じます。どうやら、自分たちがしていることは理解《りかい》できないらしく、国際政治学では、「民主主義国家は戦争をしない」ということを教えているのです。

つまり、アメリカが行《おこな》っているのは、すべて〝自衛《じえい》の戦争〟であり、世界的に自衛の戦争が起きているということなのでしょう。彼らの考えでは、戦争をしないのが民主主義らしいのです。

私たちは「それは違《ちが》う」と思っているのですが、アメリカには、そういうところがあるので、やや修正《しゅうせい》を迫《せま》らなければいけない部分はあると思います。

一方、イスラム圏《けん》については、「自由主義」「民主主義」「基本的人権を守る」というあたりを考えると、犯《おか》した罪《つみ》に比《ひ》して、与《あた》えられる刑罰《けいばつ》が厳《きび》しすぎるところがあります。右手を切ったり、左足を切ったりと、四肢《しし》を順番《じゅんばん》に切断《せつだん》されるようなこともあるのです。

また、イスラム圏のある国の王女がイギリスで恋《こい》をして帰国したら、穴《あな》に埋《う》められ、石をぶつけて殺《ころ》されるということもありましたが、こうしたことは、さすがにやりすぎでしょう。イスラム文化に反するのかもしれませんが、行きすぎているると思います。やはり、「基本的人権」については、改善《かいぜん》の余地《よち》があるでしょう。

さらに、「市場経済」に関《かん》しては、中国やロシアまでが市場経済になってきつつあるので、基本的に、この流れは戻《もど》せないと思います。

「この世を超《こ》えた部分」を認《みと》めなければ間違《まちが》いが起きる

いずれにしても、「アメリカ中心の流れと、これに引っ掛かるところの流れとが、ぶつかっている」ということを知っておいてください。

基本的に、私は、アメリカ中心の流れに乗っていくほうを「善《ぜん》」とし、これを「正義」と考えていますが、この流れのなかで欠《か》けているものがあります。

それは、前述《ぜんじゅつ》したように、「神や仏《ほとけ》が存在《そんざい》する」「人間は魂《たましい》的存在であって、この世では魂修行《しゅぎょう》をしており、本来は、あの世の実在界《じつざいかい》といわれる世界に生きている」という考え方です。これを古代の迷妄《めいもう》や迷信《めいしん》だと思って否定《ひてい》するような考えが忍《しの》び込《こ》んできたら、間違《まちが》いなのです。

例えば、「この世だけの幸福があればよい」という考えであれば、ベンサムの説《と》いた「功利《こうり》主義」につながるのかもしれません。

ちなみに、少し可笑《おか》しい話ですが、ベンサムに関する著書《ちょしょ》で、「幸福の科学」という言葉が使われていました（笑）。〝幸福の科学〟は、今だけではなく、昔にもあったのです。

ジェレミ・ベンサム（1748～1832）イギリスの哲学者、法学者、経済学者。「功利主義」の提唱者。主著『道徳および立法の諸原理序説』等。

ベンサムはイギリス人ですが、彼の言う「幸福の科学」とは、「幸福は計算できる」という意味でした。要《よう》するに、「この世における幸福の計算」であって、その計算式を用いると、「最大《さいだい》多数の最大幸福が出るにはどうしたらよいか」が計算できるわけです。

ですから、「幸福を計算できるのが、幸福の科学である」という考えであり、ここで言う「幸福の科学」とは、「この世における幸福の総量《そうりょう》」を増《ふ》やす計算式が立てられるような考え方なのでしょう。

しかし、この考え方のなかには、やはり、あの世を否定している部分があるわけです。この世がよくなることは悪いことではないのですが、「この世を超《こ》えた部分」があることを認《みと》めないと、間違いが起きると思います。

「格差《かくさ》」をゼロにした場合、自由は完全《かんぜん》に死ぬ

もっとも、ベンサムの計算には、主として政治的、経済的な面が多いのです。それが、政治的には「一人一票《ぴょう》」という考えに、経済的には「格差是正《かくさぜせい》」という考えになっているのでしょう。

例えば、「国の上位《じょうい》十パーセントと、下位十パーセントの人を比《くら》べると、だいたい十倍の経済格差があるところが多くなっている。だから、これを縮《ちぢ》めようとするのが正義だ」という考えがあります。トマ・ピケティもそうですし、『正義論《ろん》』を説いた、アメリカのロールズという政治哲学者《てつがくしゃ》もそうです。

ところが、現実《げんじつ》には、格差はゼロにはなりません。格差をゼロにした場合は、自由が完全《かんぜん》に死ぬので、ゼロにはならないわけです。

もちろん、一定の意味での社会福祉《ふくし》の部分は必要《ひつよう》でしょう。基本的生存権の部

分、あるいは、人間としての生存を支《ささ》える部分は要《い》ると思います。

ただ、国際レベルでは、経済力の差が一対百ぐらいまで開くことがあるわけです。もし、「それは気の毒《どく》だ」ということで、その最貧国《さいひんこく》から日本に、日本の人口と同じぐらいの一億《おく》人の移民《いみん》を受け入れたらどうなるでしょうか。そうなると、日本では大変《たいへん》なことが起きるのは間違いありません。

やはり、受け入れるときには、教育水準《すいじゅん》や、「どういう仕事をさせるか」ということなどを段階《だんかい》的に研究しないかぎり、日本の経済的なレベルは急激《きゅうげき》に落ちるでしょう。したがって、どうしてもその研究は要ると思います。

「一人一票《ぴょう》の平等」は、「公正」か

また、選挙《せんきょ》においては、今、完全な「一人一票《ぴょう》」に近づいているようです。これも、ある意味では「平等」かもしれませんが、「公正」かどうかには微妙《びみょう》なところがあるのではないでしょうか。

要するに、ノーベル賞学者《しょう》であれ、政治学者であれ、フリーターであれ、一人一票ということで、それ以上《いじょう》の力がないわけですから、これはたまらないと思います。

高額納税者《こうがくのうぜいしゃ》で、収入《しゅうにゅう》の半分ぐらいを税金で取られている人は、「二票ぐらいよこせ」と言いたいところでしょう。その気持ちは分からなくもありません。公正の観点《かんてん》からすると、理解できる面はあります。

「私の納《おさ》めた税金は何千万円も使われている。この水道工事にも、私の税金が使われたし、ここの道路も、私の税金でつくられた。それなのに、一人一票であって、全然働《ぜんぜんはたら》いていない人と同じなのか。これはおかしいではないか」などと思っているのではないでしょうか。

その気持ちは理解できるので、一人一票が「公正」かどうかは分からないとは思います。ただ、数量的には「平等」でしょう。

なお、経済的にまったく平等にするとなると、「完全社会主義経済」になるので、軍事独裁《ぐんじどくさい》国家ぐらいでしか成《な》り立たないのではないかと思います。

したがって、なかなかそうはならないのですが、気持ちとしては、下のほうを上げていくことが大事です。

しかし、それが大きくなりすぎると、補助金漬《ほじょきんづ》けになって、やる気のない人たちが増えるでしょうし、上のほうもやる気がなくなって、国としては全体が衰退《すいたい》していくことも考えられます。それはよくないので、努力《どりょく》して進んでいこうとする人に対しては、道を拓《ひら》いてあげることが大切です。

一方、緊急《きんきゅう》的に助けてあげなければいけない人には、ある程度《ていど》の助けを用意しつつも、立ち直りを推《お》し進めるというかたちが望《のぞ》ましいでしょう。

そういう意味で、「チャンスの平等」は徹底《てってい》的に考えていくべきですが、「結果《けっか》の平等」については、格差が開きすぎるのも問題であるとはいえ、ゼロにするのは無理《むり》があると思います。経済的成功《せいこう》がなければ、いろいろなところで使えるお金がなくなってくるので、全体が縮み、沈《しず》んでいくことになるわけです。

例えば、イギリスがそうでした。労働党《ろうどうとう》の力が非常《ひじょう》に強かったので、第二次世界大戦後の発展《はってん》がかなり遅《おく》れたのです。第一次大戦のあとは、まだ世界最強国、ナンバーワン国だったのですが、今は、「場合によっては、日本より五十年遅れている」と言われています。

ただ、その理由は、はっきりしています。イギリスは戦後、保守《ほしゅ》党と労働党が交替《こうたい》で国政を担《にな》ったために、政治体制《たいせい》がガタガタになり、経済が駄目になってしまったのです。ここは、気をつけなければいけないところだと思います。

「個人《こじん》としての正義《せいぎ》」と「全体としての正義」

総じて言えば、個人《こじん》としては、「神仏《しんぶつ》の子としての自覚《じかく》」に目覚《めざ》められるような努力ができる世界が望ましいでしょう。

一方、全体としては、遅れている人や進んでいる人などがいるけれども、いろいろな状態《じょうたい》にある人が、目指すべきユートピアに向かって、夢《ゆめ》を持ち続《つづ》けられる社会をつくっていくことが大事であると思います。

また、「積極的《せっきょく》な悪に対しては、それを抑止《よくし》する」という考え方は、天上界《てんじょうかい》の考えに反しているものではありません。「侵略的《しんりゃく》攻撃《こうげき》」は望ましいことではないにしても、「抑止力としての防衛《ぼうえい》」という考え方自体は、人間の野蛮性《やばんせい》が抜《ぬ》けないかぎり、現時点では必要《ひつよう》だと考えています。

マスコミの持っている「黙殺権《もくさつけん》」は国を過《あやま》つ

メディア・リテラシーの問題点の一つとして、
マスコミの「黙殺権《もくさつけん》」があります。
これについては誰《だれ》も指摘《してき》していないし、
教科書にも参考書《さんこうしょ》にも書いていないでしょう。
ただ、民主主義《みんしゅしゅぎ》社会とマスメディアの関係《かんけい》における
いちばんの問題点は、
マスコミの持っている「黙殺権」だと思うのです。

●メディア・リテラシー　新聞やテレビ、インターネットなど、各種のメディアが発信するさまざまな情報を、主体的に読み解く力のこと。

つまり、黙殺したら、
実際上《じっさいじょう》、存在《そんざい》しないことと同じになってしまうわけです。
たとえ四百人であっても、
「戦争法案《せんそうほうあん》反対」と言いながら、
プラカードを掲《かか》げてデモをしているところを、
夕刊《ゆうかん》に写真を載《の》せたり、テレビで流したりしたら、
そのデモは存在するし、国民が反対しているように見えます。
ところが、逆《ぎゃく》の立場のデモを何千人でやっても、
テレビや新聞が一切報道《いっさいほうどう》しなかったら、
このデモは存在しないのと、ほとんど同じなのです。
マスコミは、この「黙殺権」というものを

幸福実現党有志らによる自虐史観を一掃する「戦後70年談話」を求めるデモは、数千人を集めても、マスコミは無視し続けた。

けっこう自由に使っていますが、
ここが点検《てんけん》されていません。

「このメディアは、何を黙殺したのか。どの部分を黙殺したのか」

ということについて、点検されていないのです。

この「黙殺権」のところは、実は大きな権力です。

例《たと》えば、複数《ふくすう》の新聞を読むと、
同じ記事でも、一面に載せているものから、
後ろのほうにチラッと小さく載せているものまで、
いろいろあることが分かります。
また、一日遅《おく》らせて載せるなど、

さまざまな手を使っていることがよく分かるのです。
あるいは、広告《こうこく》にしても、それを載せなかったり、
変更《へんこう》させたりするなど、いろいろなことをしています。
このあたりの「メディア・リテラシー」のところを、
もう一段《いちだん》研究する必要《ひつよう》はあるでしょう。
そうしないと、正しい民主主義、健全《けんぜん》な民主主義としては、
発展《はってん》しないし、国を過《あやま》つもとになると思います。

――「正義の原理」質疑応答《しつぎおうとう》より

The Great Turning Point
in Human History

第5章

人《じん》類《るい》史《し》の大《だい》転《てん》換《かん》

日本が世界のリーダーとなるために必《ひつ》要《よう》なこと

2015年7月7日　さいたまスーパーアリーナにて

1　今、求《もと》められる「智慧《ちえ》の力」

「二十五回目の御生誕祭《ごせいたんさい》」において感じること

本章のもとになった法話《ほうわ》は、二〇一五年の「御生誕祭《ごせいたんさい》」で、七月七日の夜七時に行《おこな》ったものです。「七・七・七」という数字が、久々《ひさびさ》に並《なら》んだのですが、とてもよい響《ひび》きがあると感じました。

「七」という数字は、天上界《てんじょうかい》においては「完成《かんせい》の数字」なのです。そして、「勝《しょう》利《り》の数字」でもあるのです。

この「七・七・七」を、御生誕祭ということのみならず、「地上における勝利の数字」として、人々の心に刻《きざ》むことができたら、私にとって、これ以上《いじょう》の幸福はありません。

なお、御生誕祭は、一九九一年から始めたので、本法話で二十五回目になりましたが、「何歳《さい》の御生誕祭か」については案内《あんない》等に書かないように、私からお願《ねが》いしました。

なぜなら私は、気持ちとしては、まだ四十歳を超《こ》えたか超えないか分からないあたりのところにいるため、世間《せけん》で言う「定年」というものが、どうも気に食わないのです。毎年、年齢《ねんれい》が上がっていくのが嫌《いや》であって、上がらずに、そのままでよいと思っています。

ちなみに、天上界においては、年齢は自分の自由に設定《せってい》できるようになっており、若《わか》い年齢が好《す》きな人は若く、壮年期《そうねんき》が好きな人は壮年期で、年を取った姿《すがた》が好きな人はそういう年齢でいられることになっているのです。

確《たし》かに、この地上は不自由で、だんだんに一方通行《いっぽうつうこう》で年を取っていくことになっているわけですが、その流れに逆《さか》らって、やれるだけのことをやりたいと考えています。

多くの方々の力を借《か》りながら全人類《じんるい》に法《ほう》を届《とど》けたい

「二十五回目の御生誕祭」という話をしましたが、それはちょうど、幸福の科学が宗教法人《しゅうきょうほうじん》の資格《しかく》を取ってから二十五周年《しゅうねん》でもあるわけです。もちろん、私としては一生懸命《いっしょうけんめい》にやってきたつもりではありますが、その使命から見れば、まだまだ小さな成果《せいか》しか挙《あ》げることができていません。この点に関《かん》し、とても申し訳《わけ》ない思いでいっぱいです。

まだ、説法《せっぽう》も二千三百数十回ぐらいしかやっていませんし、本もわずか千九百二冊《さつ》ぐらいしか出ていないのです（説法当時）。こんなものでは、とてもではないけれども、全人類《じんるい》にまでは届《とど》かないでしょう。

日本語以外には、たどたどしい英語《えいご》で何とか講演《こうえん》するのが精一杯《せいいっぱい》というところで、いくら勉強しても、大半の方々と同じく、「英語を勉強すればほかの言語を忘《わす》れ、ほかの言語を勉強すれば英語を忘れる」というぐらいの、非常《ひじょう》に遅々《ちち》たる歩みです。残念《ざんねん》ながら、私が生きている間に、全世界の人々に対して、この口で福音《ふくいん》を直接《ちょくせつ》に説《と》くところまでは行きそうにありません。

その意味で、多くの方々の力を借《か》りて、間接的にであっても、法を広げたいと思っています。私の説くところの一部を、また、そのなかで重要《じゅうよう》だと思うことだけでも結構《けっこう》ですから、広げてくだされば幸《さいわ》いです。

今、海外では、幸福の科学が非常に大きな広がりを見せていますが、残念ながら、それに支部《しぶ》や職員《しょくいん》の数が追いつかない状態《じょうたい》にあります。また、それぞれの国で文化様式や教育が違《ちが》うため、教えを十分に伝《つた》え切れないでいます。

あるいは、教え以前の段階《だんかい》として、生活レベルが低《ひく》かったり、紛争《ふんそう》のなかにあったりして、それを救済《きゅうさい》する状況《じょうきょう》から出られておらず、高次な教えを学ぶところまで行かない人も数多くいるのです。

つまり、本法話も世界同時中継《ちゅうけい》で開催《かいさい》したものですが、同じ日に聴《き》いても、教えについてこられるレベルには、かなりの差《さ》があるということになります。

「いかなる智慧《ちえ》を形成《けいせい》するか」が大事である

今、日本を中心に話をすることが多いので、どうか日本の方々は、他の国の方々よりも、はるかに大きな責任《せきにん》があるということを分かってください。それが、私がこの国に生まれた意味でもあるでしょう。

ただ、日本は、世界第三位《い》のGDPを誇《ほこ》る国ではありますが、世界のリーダーとして十分な資格を持っているかどうか、また、そうした使命を果《は》たしているかどうかには、疑《うたが》わしい面が数多くあります。

私自身に力がまだ足りないように、この国においても、まだまだ力が不足しているのではないでしょうか。

それは、「パワー」という意味での力だけではなく、「智慧《ちえ》」という意味での力でもあると思うのです。

世界が混沌《こんとん》とし、紛糾《ふんきゅう》しているのは、明確《めいかく》な智慧がないからです。智慧がはっきりとしていれば、判断《はんだん》ができます。判断ができたものは、必《かなら》ず片付《かたづ》いていくでしょう。

そういう意味において、「いかなる智慧を形成《けいせい》するか」ということが、とてもとても大事なことであるのです。それを、まず申し上げておきたいと思います。

2 「視点《してん》の大転換《だいてんかん》」を促《うなが》す霊性革命《れいせいかくめい》

世界のなかの二つの大きな潮流《ちょうりゅう》

幸福の科学にあっては、まずは、宗教改革《しゅうきょうかいかく》、宗教革命《かくめい》的な側面《そくめん》から始まりました。その中心は、「霊性革命《れいせい》」にあります。

「霊性革命」とは、簡単《かんたん》な言葉で言うとするならば、「毎日を生きているなかにおいて、『自分が霊的な存在《そんざい》である』ということが先にあった上で、人間としての自分の生活を見つめながら日々を過《す》ごす」ということです。

こうした「視点《してん》の大転換《だいてんかん》」こそ、人間として生きる道の大きな変換《へんかん》でもあるということなのです。

世界のなかには大きな潮流《ちょうりゅう》があります。

一つには、この世がすべてで、物質《ぶっしつ》的な世界しかないと考える人たちがいます。

もう一つには、神や仏《ほとけ》が存在し、天使や如来《にょらい》、菩薩《ぼさつ》、あるいは、高級神霊《しんれい》たちがいると信《しん》じる人たち、信仰心《しんこうしん》を持っている人たちがいます。

この大きな二つの潮流のなかにあって、どこかの位置《いち》に、それぞれの国が置《お》かれているのが現状《げんじょう》です。

それでは、この日本という国はどうであるかといえば、残念《ざんねん》ながら、七十年前の大東亜戦争《だいとうあせんそう》、第二次大戦での敗戦《はいせん》によって、その後、経済《けいざい》的には立ち直ったものの、精神《せいしん》的にはまだまだ十分には立ち直っていない現状にあります。

ただ、私は、戦後《せんご》十一年目（一九五六年）に、この国に生まれましたが、その年数を見れば、この日本の復興《ふっこう》と繁栄《はんえい》を目指したのは間違《まちが》いありません。「日本の復興と繁栄の流れのなかから、世界への救済《きゅうさい》の手を差《さ》し伸《の》べる」という意図を持っていたことは明らかです。

「大東亜戦争《だいとうあせんそう》」の持つ真実の意味とは

それに関《かん》して、戦後七十年たっての歴史観《れきしかん》について、一言《ひとこと》申し上げておきたいことがあります。

今、世論《せろん》としては、自虐《じぎゃく》史観に代表されるように、「日本は戦争《せんそう》中、悪いことをしたのだ。そういう反省《はんせい》のもとに立って戦後は始まったのだ」という考え方をしているでしょう。一世代前の方は、だいたいそうした考え方から始まっています。そして、「戦後七十年間は、それでうまくやってきたのだから、この考え方を守り続《つづ》けたほうがいい」というわけです。

もちろん、反省自体は悪いことではありません。しかし、そのなかに、人間として、自虐的なる部分、自分をいじめたり、苦しめたりする部分が多かったのではないでしょうか。また、マイナス思考から物事《ものごと》を考えてしまい、「積極的《せっきょく》に何かを他の人になしていこう」「利他《りた》の行為《こうい》をなしていこう」などという思いが少なかったことは否《いな》めないと思います。そうした「一国平和主義《しゅぎ》」で長く来たことは否定《ひてい》できないでしょう。

それが、「小さな国の幸福論」としては、幸いしたことも事実ではあります。

しかしながら、明治維新《めいじいしん》を経《へ》て百五十年余《あま》りを生きてきた日本人であることを考えるならば、あるいは、二千数百年の長きにわたって、連綿《れんめん》とした歴史を持っている日本という国を考えるならば、この七十年間の自虐史観では、十分なものではないと言わざるをえません。やはり、国力相応《そうおう》の使命というものがあるのではないかと思います。

過去《かこ》に起こった事実がどのようなものであったかを、今、確定《かくてい》するのは非常《ひじょう》に難《むずか》しいことです。いろいろな意見があると思いますし、さまざまな事実が出てくることでしょう。

ただ、私が宗教家として、一点、譲《ゆず》らずに述《の》べていることは、「先の大戦は、旧《ふる》い憲法《けんぽう》において元首《げんしゅ》であった天皇《てんのう》一人の責任《せきにん》でもなければ、天皇を無視《むし》して暴《ぼう》走《そう》した政治家《せいじか》や軍人《ぐんじん》の責任でもない。日本神道《しんとう》の神々は、植民《しょくみん》地《ち》解放《かいほう》戦争としての意味を明確に持っておられた」ということです。これについては一貫《いっかん》してぶれていません。それ以外《いがい》に考え方がないと思います。そういう考え方の下《もと》に戦《たたか》ったのです。

確《たし》かに、先の大戦では三百万人の日本人が亡《な》くなりましたが、戦後、アジア・アフリカの植民地が独立《どくりつ》するための大きな力になったことは事実でしょう。日本にとっては、完璧《かんぺき》な現実ではなかったかもしれません。しかし、世界にとってはベターな現実が起きてきたことも、また一つの真実ではあると思うのです。

「平和」という言葉は、国によって考え方が違《ちが》っている

この国においても、まだ世論は沸騰《ふっとう》し、右に左にと揺《ゆ》れています。また、私には、どちらかに傾《かたむ》いている人を責《せ》める気持ちはありませんし、神々の意志《いし》を汲《く》み取れない人たちに対して、「人間として劣《おと》っている」と言う気持ちもありません。

この世に、現実に人間として生きていて、考えを決めるのは、とても難しいことです。どんなことにも、長所もあれば、短所もあります。プラスもあれば、マイナスもあります。そのなかから結論《けつろん》を選《えら》び取っていくことは、各人《かくじん》の自由ではありますが、難しいことは事実なのです。

したがって、すべてを否定する気もなければ、すべてを肯定《こうてい》する気もありません。

しかしながら、できうるならば、この日本の国が、これから先に未来《みらい》が続くよ

うな選択《せんたく》をせねばならないということ。そして、その行動が他の国々にとっても手本となるような生き方ができるということ。彼らの導《みちび》きの一部になれるということ。それが、今、日本に課《か》せられた使命なのではないかと思うのです。

最近も、与党《よとう》である自民党を中心とする安倍《あべ》政権《せいけん》が、戦後を見直す意味での安《あん》保《ぽ》法制《ほうせい》について国会で議論《ぎろん》することで、国会は沸騰し、世論も沸騰し、マスコミも沸騰しています。

私も、いろいろな意見が出るのはよいことだと思っていますし、しっかり議論をなされて、後悔《こうかい》しない結論を出されたらよいでしょう。

ただ、一点、申し上げておかねばなりません。

「平和」という言葉には多義性があります。「平和」という言葉の意味を、今の日本人が考えているように取っている国家もある一方で、「平和とは、自分の国の利得《りとく》を増《ふ》やすこと。他の国の犠牲《ぎせい》の下に国力を増やしていくこと」というように考えている国家も、なきにしもあらずなのです。

こうした意見のずれについては、国際世論《こくさい》としてすり合わせが必要《ひつよう》なことは当然《とうぜん》でしょう。

しかし、人間としての議論だけではなく、「天上界《てんじょうかい》において、神々がどのような考えを持っておられるのか」を知ることは、大きなことではないかと思います。

『されど、大東亜《だいとうあ》戦争の真実　インド・パール判事《はんじ》の霊言《れいげん》』（前掲《ぜんけい》）のなかで、日本人ではないパール判事は、日本人以上のことを言ってくださっています。まことにありがたく、本当に恐縮《きょうしゅく》するような内容《ないよう》でした（注。パール判事は、日本について、「東洋の盟主《めいしゅ》であったし、世界のリーダーになるべきだ」と述べた）。

あそこまで日本をほめられると、日本人のほう

極東国際軍事裁判において戦犯とされた日本の指導者を「無罪」と判定したインドのパール判事（写真：靖国神社の顕彰碑）。

が緊張《きんちょう》して縮《ちぢ》こまってしまうような部分もあるかもしれません。「それだけの精神的な高みが、自分たちにあったかどうか」を反省せねばならないところが、多々あるでしょう。

しかしながら、今、私たちにやれることは、「これからの未来に、何を拓《ひら》いていくか」ということであり、「これからの未来を、どちらの方向に引っ張《ぱ》っていくか」ということなのです。

3 世界の「価値観《かちかん》の対立」を読み解《と》く

世界のスーパーパワー・アメリカが抱《かか》える今後の難局面《なんきょくめん》

例《たと》えば一九九〇年代の終わりには、「二十一世紀《せいき》はアメリカの世紀で、これから百年以上、アメリカの優位《ゆうい》は動かない。スーパー大国は一つだから、アメリカの言うとおりについていけばいいんだ」という感じが蔓延《まんえん》していましたが、それからわずか十数年で、アメリカの一国優位から、多極化《たきょくか》する流れが出てきています。世界はとても難《むずか》しい動きをしており、これを読み切るのは大変《たいへん》です。

アメリカにしても、今後、スーパーパワーのままでいられるかどうかは、極《きわ》めて厳《きび》しい局面《きょくめん》にあるでしょう。

オバマ大統領《だいとうりょう》は、大統領就任《しゅうにん》時の演説《えんぜつ》で「平等」について述《の》べたとおり、「ゲイ（同性愛者《どうせいあいしゃ》）もストレート（異性愛者《いせいあいしゃ》）も平等に扱《あつか》う」という意味では、全米で〝ゲイ・マリッジ法《ほう》〟（同性婚《どうせいこん》法）が合法化されたことを「大勝利《だいしょうり》だ」と喜《よろこ》び、ホワイトハウスを虹色《にじいろ》にライティングして祝《いわ》っています。

それは、「差別《さべつ》された一部の人たちにとっては、確《たし》かに福音《ふくいん》であることは間違《まちが》いがない」と思いますし、「この世において少数の人々が必要《ひつよう》以上の苦しみを受けないように配慮《はいりょ》することは、とても大事なことだ」と、私も思っています。

ただ、別の面から見れば、「同性婚の時代が本格化《ほんかく》したら、文明としては終わりを迎《むか》える」と、日本神道《しんとう》の神々が言われている言葉もまた、ある意味での真理であると考えています。

少数者の権利《けんり》を護《まも》ることは大事である一方で、それがメジャーになった場合には、男女がこの地上に生まれたということの意味がなくなり、子孫《しそん》を残《のこ》すということの意味がなくなり、文明としては衰退《すいたい》していきます。この流れ自体は決定的です。

これは、今後、アメリカの抱《かか》える大きな問題の一つとして出てくるでしょう。

さらに、アメリカにおいては「銃《じゅう》社会」の問題もあります。銃が民間に行き渡《わた》り、あちこちで殺人《さつじん》が起きるような銃社会についても、われわれは、そっくりそのまま引き継《つ》ぐわけにはいきません。

また、「麻薬《まやく》社会」についても同様です。麻薬が蔓延するような社会は、競争《きょうそう》過剰《かじょう》でストレスの多い社会なのでしょうが、麻薬をタバコか何かのように普通《ふつう》に吸《す》えるようになる社会もまた、何か不健全《ふけんぜん》なものがあると考えられます。

それから、先ほどの戦争論ともかかわってくるものとして、レイシズム（人種《じんしゅ》差別）があります。これもまだ、アメリカのなかに根強く根深く残っており、アメリカの反省として終わっていないものだと思います。これに関しては、どこかで、何百年かの人種差別の歴史《れきし》を反省する必要があるだろうと考えています。

したがって、「先進国だから」といって、すべて受け入れればよいわけではないのです。やはり、受け入れてよいものと悪いものがあると思います。

かつて中国が先進国だった時代にも、日本社会としては、中国から受け入れたものも、受け入れなかったものもあります。

そのように、ある国には広がったものであっても、他の国には広がるべきではないという考え方もあるのではないでしょうか。

財政危機《ざいせいきき》のギリシャの分まで働《はたら》かされるドイツの不満《ふまん》

さらに、世界を見渡すと、今後の国際政治《こくさいせいじ》においては、とても難しい局面が考えられます。

例えば、ギリシャにおいては、二〇一五年七月にデフォルト（債務不履行《さいむふりこう》）しかかった状態《じょうたい》となり、「ＥＵ（欧州連合《おうしゅうれんごう》）から出るべきか、出るべきでないか」ということが取り沙汰《ざた》されました。

ギリシャは日本の二十四分の一の経済力しかない国です。日本が助けようと思えば、もちろん、すぐに助けられる程度《ていど》の経済規模《きぼ》ではありますが、ＥＵのなかではとても揉《も》めています。

なぜ揉めているのでしょうか。それは、「考え方」において揉めているのです。

ある国際エコノミストの意見によれば、「ギリシャにおいては、五十歳《さい》まで働《はたら》いたら、辞《や》めたときの給与《きゅうよ》の七十五パーセントの年金が支給《しきゅう》される」とあります（注。エコノミストの長谷川慶太郎《はせがわけいたろう》説《せつ》。なお、ギリシャの法制度《せいど》上の定年年齢《ねんれい》は、原則《げんそく》として六十五歳となっているが、実態としては、五十一歳から六十一歳までの早期退職者《たいしょくしゃ》が七割《わり》いる）。そうであれば楽な生活が送れるので、国民《こくみん》にとってはまことによいことです。

しかしながら、そうした年金に当たるものが、ヨーロッパ、ＥＵの他の国からの借入金《しゃくにゅうきん》によって賄《まかな》われていることに対し、我慢《がまん》がならない国があるのも事実でしょう。

その中心はドイツです。ドイツでは、定年から支給される年金が給与の約五十パーセントです。つまり、ギリシャの国民に比《くら》べて十年長く働いている人でも、もらえるのは五十パーセントです。そのドイツが、「なぜ、ギリシャの国民が老《ろう》後《ご》を楽に過《す》ごすために、お金をたくさん貸《か》し、それが返ってこない状態を受け入れなければいけないのか」というところについて揉めているのです。

これは分かるでしょう。あまり働かないところは給与の七十数パーセントも年金をもらい、十年早く引退できる人もいるのに、十年余分《よぶん》に働いたところは給与の半分の年金しかもらえず、他の国の救済《きゅうさい》までしなければいけないわけです。

これではドイツ国民が黙《だま》っていないし、ドイツが中心であるEUもなかなか納《なっ》得《とく》しないでしょう。そのため、財政《ざいせい》の緊縮《きんしゅく》をギリシャに呼《よ》びかけているわけですが、ギリシャの人たちは、「そんなことは生活が悪化するから嫌《いや》だ」と言っています。現《げん》に、失業率《しつぎょうりつ》はとても高いのです。

このような価値観《かちかん》の対立があります。

緊縮財政《きんしゅくざいせい》による失業者《しつぎょうしゃ》の増加《ぞうか》で亀裂《きれつ》が入りつつあるEU

現実にヨーロッパの失業《しつぎょう》率は高くなっています。しかし、ＥＵが採《と》っているような緊縮財政《きんしゅくざいせい》、すなわち、通貨《つうか》の量《りょう》を絞《しぼ》っていって財政再建型《さいけんがた》の生活をすると、失業者はもっと出るのです。

したがって、緊縮財政を中心とするドイツのメルケル首相の考え方は、大きな意味においては、残念《ざんねん》ながらメジャーな考えではありません。この人は旧《きゅう》東ドイツ出身の物理学者《ぶつりがくしゃ》であり、その点、民主党《とう》政権のときの菅直人《かんなおと》元首相と同じようなものの考え方をする人です。

現在《げんざい》のギリシャの首相はかなり極端《きょくたん》なことを言っています。ただ、はっきり言って、メルケル首相も国際経済

アンゲラ・メルケル（1954～）ドイツ連邦共和国首相。キリスト教民主同盟党首。物理学者。

アレクシス・チプラス（1974～）ギリシャ共和国首相。急進左派連合党首。無神論者。

が分かっていないようです。つまり、両方とも言い分はあるでしょうが、両方とも問題があるわけです。

そういうことで、EUに亀裂《きれつ》が入りつつあります。

今後の世界が分裂《ぶんれつ》する流れにつながりかねない中国の動き

このギリシャに対しては、中国やロシアが援《えん》助《じょ》の手を差《さ》し伸《の》べて、EUの分裂《ぶんれつ》を進めようとする可能性《かのうせい》があります。ここに、世界が再《ふた》び二つに割《わ》れる流れが出てくるわけです。このなかで、アメリカは、もちろんEU側《がわ》のほうを応援《おうえん》していると思います。

同じようなことは、ほかにもあります。

南沙諸島をめぐってベトナム、中国、台湾、フィリピン等の周辺諸国が領有権を主張。中国は1980年代から強引な手法を用いて実効支配を拡大し、国際的非難を浴びている。

例えば、今、フィリピンやベトナムは、中国が南沙諸島《なんさしょとう》で珊瑚礁《さんごしょう》を埋《う》め立てて軍事基地《ぐんじきち》をつくっていることに対し、非常《ひじょう》に緊張《きんちょう》感を持って対応しようとしています。

一方で、タイには軍事政権が立ち、アメリカが非常に厳しい経済制裁《せいさい》を科《か》していることもあり、タイは中国から潜水艦《せんすいかん》を三隻《せき》も入れようとしています。

中国がタイに楔《くさび》を打ち込《こ》んだことで、今後、中国とフィリピン、あるいは中国とベトナムが紛争《ふんそう》を起こすことがあったとしても、東南アジアも一枚岩《いちまいいわ》ではなくなります。

1988年、中国はベトナムのジョンソン南礁を攻撃、占領した。以後、建造物を次々と建てて実効支配している（写真：IHS Jane's より）。

「立憲主義《りっけんしゅぎ》」「法治《ほうち》主義」といっても万能《ばんのう》ではない

タイの隣《となり》のビルマ（ミャンマー）はどうでしょうか。

ビルマにも、今、軍事政権が立っています（注。説法当時。二〇一五年十一月八日の総選挙《そうせんきょ》で、アウンサンスーチー氏《し》が率《ひき》いる国民民主連盟《れんめい》が勝利し、過半数《かはんすう》の議席《ぎせき》を獲得《かくとく》、政権移行が確実となった）。その軍事政権は、アウンサンスーチー氏が大統領になれないように、「外国人と結婚《けっこん》した人は大統領になれない。外国人との間に子供《こども》がある人も大統領になれない。また、軍人としてのキャリアがない人は大統領になれない」というようなことを新しい憲法《けんぽう》に書き込んでいます。

アウンサンスーチー（1945～）ミャンマー最大の政党・国民民主連盟党首。1991年、ノーベル平和賞を受賞。

日本では、今、「立憲主義《しゅぎ》」ということが盛《さか》んに言われていますが、この立憲主義でいく場合には、今のスーチー氏は大統領にはなれないのです。

憲法においては、そういうこともできます。ある特定《とくてい》の人が大統領になれないように織《お》り込むこともできるわけですが、これは大変《たいへん》なことです。結局、何だかんだと言っても、それをつくる人たちの問題であって、法律《ほうりつ》の問題ではありません。

中国にしても「法治《ほうち》主義」を行《おこな》っているつもりではあるのです。例えば、「国《こく》防《ぼう》動員法《ほう》」（二〇一〇年）、「国家安全法」（二〇一五年）等、国防関係の法律が次々と施行《しこう》されています。それらによれば、中国の主権に関し、香港《ホンコン》やマカオ、台湾《たいわん》にも国家の義務や責任《せきにん》を求《もと》めたり、インターネットの世界にまで中国の主権を及《およ》ぼそうとしたりしています。

また、中国の国内で工場を持ったり、店を開いたり、会社をつくったりした外国のものは、中国の主権に反する行為《こうい》ができないようになっています。例えば、中国が戦争を始めたときに、もし日本の会社がそれに反対し、日本政府《せいふ》も反対の立場を取ったとしたら、その会社は没収《ぼっしゅう》される可能性があります。そういう国内法が立っているのです。「法治主義」でいくと、それがそのまま通ってしまうわけです。

このように、必《かなら》ずしも「法律万能《ばんのう》」とは言えません。「立憲主義」「法治主義」といっても、結局は、つくっている人たちの平均《へいきん》の頭脳《ずのう》が考えた力にしかすぎないのです。

4 世界のリーダーとなるための「宗教《しゅうきょう》立国の精神《せいしん》」

「神なき民主主義《みんしゅしゅぎ》」と「神のいる民主主義」とがある

さまざまなことを述《の》べましたが、「日本人全体としての認識力《にんしきりょく》を上げなければいけないし、国際《こくさい》社会に対する認識力も上げなければいけない」と、私は思っています。

幸福の科学が数多くの霊言集《れいげんしゅう》を出しているということは、「霊性《れいせい》の時代が来た」ということを告《つ》げるとともに、「民主主義《みんしゅしゅぎ》にも『神なき民主主義』と『神のいる民主主義』とがある」と教えていることを意味します。

そして、この「神のいる民主主義」は、「基本的人権《きほんてきじんけん》をもっともっと高め、人々が神様に近づいていくためには、どのような人権保障《ほしょう》をしなければならないのかを教えている」ということを言っているのです。

これが「宗教立国《しゅうきょうりっこく》」の意味です。憲法《けんぽう》で保障されている基本的人権をもっと高めることで、努力《どりょく》をすれば神様に近づいていけるような人生修行《しゅぎょう》ができ、この国をそういう場にできるように、それを国のモデルとして行《おこな》っていこうというのが、「宗教立国の精神《せいしん》」なのです。

ギリシャと違《ちが》って〝倒産《とうさん》〟する心配のない日本経済《けいざい》

また、日本の経済《けいざい》についても問題点は多々ありますが、国民《こくみん》は一千七百兆《ちょう》円もの個人資産《こじんしさん》を持っています。

「国の借金《しゃっきん》は一千兆円を超《こ》えている」と言われていますが、国民は金融《きんゆう》資産として一千七百兆円以上《いじょう》も持っているのです。そして、国債《こくさい》の九十五パーセントは国民が買い支《ささ》えている状態《じょうたい》です。

その意味において、日本は、ギリシャとは違《ちが》って〝倒産《とうさん》〟する心配はありません。

したがって、政府《せいふ》が「国民のみなさまがたは子孫《しそん》に借金を残《のこ》すんですよ」とか、あるいは、「国民の借金だ」「国の借金だ」などと言っているのは、若干《じゃっかん》、言い方が違っています。これは「政府の借金」であり、国民は政府に対して債権を持っているということです。つまり、「国民には一人当たり八百万円の借金がある」のではなく、「国民は政府に対して一人当たり八百万円の債権を持っていて、さらにそれ以上の貯金《ちょきん》を持っている」というのが日本の実態でしょう。

さらには、貿易《ぼうえき》においては世界最大《さいだい》の債権国であり、アメリカ国債についても、また中国を抜《ぬ》き返し、世界一の保有国になりました（二〇一五年二月末時点）。

要《よう》するに、現状《げんじょう》の日本において、経済の失速《しっそく》や、まったくの暴落《ぼうらく》というようなことは成《な》り立ちえないのです。

今後、日本政府《せいふ》がなすべきことは「ジョブ・クリエーション」

ですから日本は、この猶予《ゆうよ》期間に、なすべきことをしなければなりません。それは何でしょうか。借金をして穴埋《あなう》めをすることではありません。ギリシャが行っているようなことを日本がすればよいということでもありません。ギリシャのように、外国からの借入金《しゃくにゅうきん》で賄《まかな》って国を運営《うんえい》しているところとは違うので、日本はそのようにはなりません。「日本もギリシャのようになるぞ」と言っていた菅直人《かんなおと》元首相はそれを理解《りかい》することができませんでしたが、実際には、そういうことにはならないのです。

国民が預金《よきん》を国債に替《か》えて、買い支えてくださっている間に、政府《せいふ》がなさなければならないことは、「ジョブ・クリエーション」、つまり、新しい仕事をつくっていくことです。仕事をつくり出す努力をしなければいけないでしょう。

また、国民各位《かくい》にあっては、六十歳《さい》定年というのではなく、今後、最低《さいてい》でも七十五歳、あるいは、それ以上まで働《はたら》き続《つづ》けることができるような職業《しょくぎょう》をつくっていける社会にしていかなければならないし、それが、世界の未来《みらい》の目指すべきところでもあるのです。

「宗教立国」から始めて、みなさんがたが、この地上において最大の人生修行をなし、見事に魂《たましい》修行を終えて本来の世界に還《かえ》り、あの世において、神近き存《そん》在《ざい》として、地上にいる世界各地の人々を導《みちび》いていけるような偉大《いだい》な存在になることを、心の底《そこ》よりお祈《いの》りしています。

「正義《せいぎ》のある平和」を求《もと》め続《つづ》けよ

悪《あ》しき思想である無神論《むしんろん》や唯物論《ゆいぶつろん》が、
政治《せいじ》の原理や教育の原理に使われる
というのは許《ゆる》されないことです。
また、政治において平和を提唱《ていしょう》するのは大事なことですが、
それによって悪の勢力《せいりょく》を増長《ぞうちょう》させてはなりません。
もう一つ、「正義《せいぎ》とは何か」という観点《かんてん》を忘《わす》れてはならないのです。
この「正義とは何か」という観点は、
この地上から悪を減《へ》らし、正しいものを増《ふ》やす

ということのために必要《ひつよう》です。
「正義」という考えには、
この地上に悪魔《あくま》の勢力を広げることを押《お》しとどめ、
彼らを教育する効果《こうか》があるのです。
私は「正義のある平和」を説《と》かねばならないと考えています。
「悪に屈服《くっぷく》する平和」「悪に懐柔《かいじゅう》される平和」「悪と融和《ゆうわ》する平和」、
こういうものは「奴隷《どれい》の平和」であると私は思うのです。

もちろん、各民族《かくみんぞく》や各国に、「自分たちを護《まも》りたい」
「自分たちの平和を望《のぞ》みたい」という気持ちがあることは事実でしょう。
しかし、もう一段《いちだん》大きな地球的レベルにおいて、

日本領海近くを航行する中国漁船（写真・上）
を警戒する海上保安庁の巡視船（下）。

「正義とは何か」「正しさとは何か」「真理とは何か」というテーマが、
常《つね》に検証《けんしょう》され続《つづ》けなければならないと思います。
例《たと》えば、原爆《げんばく》が落とされた広島や長崎《ながさき》で、
「そういう行為《こうい》を人類《じんるい》は二度としてはいけない」という誓《ちか》いを立て、
「原爆投下を遺憾《いかん》に思う」という声明などを出すこと自体は、
悪いことではありません。また、そうすべきであるかもしれません。
しかし、そうした行為が、同時に、原爆等を今もつくり続け、
他国に脅威《きょうい》を与《あた》えようとしている者たちを、野放《のばな》しにして放置《ほうち》し、
その勢力を増長させることを容認《ようにん》するような、
弱い心になっていっては相成《あいな》らないと思います。
「原爆が落とされ、悲惨《ひさん》な人々が大量《たいりょう》に出た」という、

戦争《せんそう》の悲惨さを伝《つた》えるならば、同時に、
そうしたことを目指している者に対して、
きっちりとした批判《ひはん》をすべきなのです。
みずからが新たな戦争行為の準備《じゅんび》をしている者たちには、
他国の平和や歴史《れきし》について、
あれこれと批判をする自由はないと考えます。

やはり、世界のレベルにおいて、また、未来《みらい》の視点《してん》から見て、
「何が正しいのか」ということを、
常に考え続けなければならないのです。

――『釈迦《しゃか》の本心――政治編《へん》』より

第6章

Establishing the Justice of God

神の正《せい》義《ぎ》の樹《じゅ》立《りつ》

今、世界に必《ひつ》要《よう》とされる「至《し》高《こう》神《しん》」の教え

1 揺《ゆ》らぎ始めた世界の価値観《かちかん》

今、疑問視《ぎもんし》されている「アメリカ流の世界的正義《せいぎ》」

本章は、「神の正義《せいぎ》の樹立《じゅりつ》」という題です。このようなことについて話す資格《しかく》のある人が地上にいるのかどうか、疑問《ぎもん》ではありますが、私としては、できうるかぎり、この内容《ないよう》に肉薄《にくはく》してみたいものだと考えています。

というのも、現在《げんざい》、世界の価値観《かちかん》に一定の揺《ゆ》らぎが起きていると思うからです。ソ連邦《れんぽう》が崩壊《ほうかい》した一九九一年ごろには、「自由主義陣営《じんえい》 対 社会主義陣営の戦《たたか》いに勝負がついた」ということで、大方《おおかた》の人は、「今後は、アメリカが、超《ちょう》大国として一国優位《ゆうい》となり、全世界をリードする。そうした、アメリカを主力とするグローバリズムが世界を席巻《せっけん》するであろう」という見方をしていました。

九〇年代には、そのような考えが蔓延《まんえん》していたため、私のほうもそれを受けて、従来《じゅうらい》の予測《よそく》を少し引き下げたのです。

要《よう》するに、私は、「アメリカは、二十一世紀《せいき》の前半ぐらいで危《あぶ》なくなる」という予測を出していたところを、「アメリカの覇権《はけん》は、まだ二十一世紀中、つまり、百年以上《いじょう》は続《つづ》くだろう」という予測に切り替《か》えることにして、当時の世界の流れに合わせました（注。『黄金の法』初版《しょはん》〔一九八七年八月刊《かん》〕では、「（西暦《せいれき》二〇〇〇年ごろには）世界の中心だったニューヨークは、その機能《きのう》をほぼ壊滅《かいめつ》的なまでに失《うしな》っている」という未来《みらい》予測が書かれていた）。

ところが、どうやら、また揺り戻《もど》しが入り、元の流れのほうに戻ってきつつあるように感じられます。

ついこの前までは、「世界的正義」、あるいは、「神の正義」とは何かと言うと、

「アメリカンスタンダード（アメリカ標準《ひょうじゅん》）」であり、それに合わせておけば、ほぼ間違《まちが》いないということになっていました。

しかし、これがやや怪《あや》しくなってきたわけです。今、これに対する疑問やさまざまな異議《いぎ》申し立てが、いろいろなところから出されているのではないかと思います。

判断基準《はんだんきじゅん》は「最大《さいだい》多数の最大幸福」や「後世《こうせい》の人々の幸福」

また、世界全体の運営・経営《けいえい》に関《かん》しても、非常《ひじょう》に難《むずか》しい問題が起きつつあるように感じます。

人間のつくった社会においてもそうですが、天変地異《てんぺんちい》等を含《ふく》めた地球環境《かんきょう》の変《へん》動《どう》という意味においても、未知数としての変数がかなり出てきているのではないかと思われます。もし、天変地異を、単純《たんじゅん》に「神罰《しんばつ》」と考えるのならば、世界各《かく》地《ち》で神罰に当たることが起きているわけです。

あるいは、「人間的社会での問題だけが、正義に関する問題だ」と考えるにしても、「法律的《ほうりつ》に見て善《ぜん》か悪か」という考えや、「経済的《けいざい》に見て善か悪か」という考えにも、大きな揺らぎが見受けられるでしょう。

特《とく》に、二〇一五年に戦後《せんご》七十年を迎《むか》えた日本においては、「国家のあり方とは何か」「国家の正義とは何なのか」「世界的正義と国家的正義とは、どう違うのか」、そして、「七十年前の日本がなしてきたことは、世界史《せかいし》のなかで、どのように捉《とら》えられるのが正しいのか」ということについて、いろいろな議論《ぎろん》が出てきました。

もちろん、ある物事《ものごと》に対して意見が分かれる場合、どのような意見にも、必《かなら》ず一分《いちぶ》の理《り》があるものです。「一つの意見だけが完全《かんぜん》に百パーセントの正義であり、他の意見には正義がない」というわけではありません。必ず、何らかの理は含んでいるものです。

現時点での判断基準《はんだんきじゅん》における一つの考えとしては、例《たと》えば、「最大多数《さいだい》の最大幸福を目指すには、どうしたらよいか」というようなこともあるでしょう。また、「あるものを正しい、あるものを誤《あやま》っている」と判断する際《さい》に、「そう判断したほうが、これから後《のち》の人類《じんるい》が生きていく上で、倫理《りんり》基準を正しく保《たも》てるかどうか」ということもありえると思うのです。

民主主義《みんしゅしゅぎ》のなかにある、矛盾《むじゅん》する二つの考え方

ただ、今は民主主義《みんしゅしゅぎ》が主力の時代に入っていますが、民主主義のなかにも、考えとして矛盾《むじゅん》したものが入っています。

小学校あたりで簡単《かんたん》に習う民主主義というのは、「多数決」、すなわち、「多数の人が支持《しじ》するものが正しい」というものでしょう。それによって、学級委員が選《えら》ばれたり、あるいは、文化祭のテーマが選ばれたりすることもあろうかと思う

のです。

しかし、民主主義のなかには、もう一つ、「少数派《はは》の権利《けんり》や考え方を守る」「違った考え方を持っている人に対しても、寛容《かんよう》でなければならない」という考え方もあります。

つまり、「単に、数値的に、数字の上だけで、どちらが正しいか」という比較《ひかく》をするのが民主主義であるならば、この二つの考え方には矛盾があるわけです。

多数決で、数が多いほうが必ず正しいのであれば、「人口の多い大国がすることは、全部正しい」ということにもなりかねません。

しかし一方で、内容に普遍《ふへん》的な真理がある、もしくは、その目的において高邁《こうまい》な理想があるというならば、たとえ少数の人が言っていること、あるいは、一人の人が言っていることであっても、そのなかには、守らなければならない真理があると言えるでしょう。

2 先の大戦《たいせん》における日本への評価《ひょうか》は正当か

公平に報《ほう》じられていない、日本に対するアジアの国々の声

私は、二〇一五年三月に、『パラオ諸島《しょとう》ペリリュー島守備隊長《しゅびたいちょう》 中川州男大佐《なかがわくにおたいさ》の霊言《れいげん》』（幸福の科学出版刊《しゅっぱんかん》）という本を出しました。

その翌月《よくげつ》の四月には、天皇陛下《てんのうへいか》が、ペリリュー島で亡《な》くなられた一万人の日本の兵士《へいし》たちに対する慰霊《いれい》のために、パラオ諸島へ行かれたわけです。天皇陛下は八十一歳《さい》でしたが、これは〝思い残《のこ》し〟の部分だったのかもしれません。「どうしても行かな

『パラオ諸島ペリリュー島守備隊長 中川州男大佐の霊言』（幸福の科学出版）

ければいけない」ということだったのだろうと思います。

パラオ共和国《きょうわこく》は、一九九四年に独立《どくりつ》したのですが、当時の大統領《だいとうりょう》（クニオ・ナカムラ氏）は、日系人《にっけいじん》であり、日本人を父とした方でした。

彼は、「国連《こくれん》においては、アメリカや中国の一票《ぴょう》も、パラオの一票も同じ一票なのだ。われらの一票も一票なのだ」というような意見を持っていたと思います。

そして、「われわれは、日本に対して感謝《かんしゃ》の思いしか持っていないのに、どうしてそんなに謝《あやま》るのか。どうしてそんなに自己卑下《じこひげ》するのか。どうして悪いことをしたように言うのか。あなたがたは、私たちを護《まも》

2015年4月9日、天皇皇后両陛下は長年の念願だったパラオ諸島へご訪問になり、「西太平洋戦没者の碑」に供花された。のちに、美智子皇后陛下は、「ご一緒に日米の戦死者の霊に祈りを捧げることができたことは忘れられない思い出です」と振り返られた。

るために戦《たたか》ったではないか」とも言ってくださいました。

ところが、当時は、社会党《とう》の党首であった村山《むらやま》富市氏《とみいちし》が首相であったため、パラオ共和国独立一周年《しゅうねん》の記念式典《きねんしきてん》に日本政府《せいふ》からは誰《だれ》も出席《しゅっせき》せず、日章旗《にっしょうき》が掲《かか》げられることもなく、大統領は非常《ひじょう》に残念《ざんねん》がっておられたようです。そして、「われわれは、日本が自分たちの繁栄《はんえい》のために戦ってくれたことを信《しん》じているし、ありがたいと思っている」と述《の》べていました。

中華人民《ちゅうかじんみん》共和国には、十三億《おく》から十四億の国民がおり、数から言えば、人数の多いほうが正しいように見えるかもしれませんが、パラオという小さな国でも、

2015年3月、幸福実現党の釈量子党首（写真左）はパラオ共和国のペリリュー島の戦跡地を訪問し、英霊への慰霊の念を捧げるとともに、元大統領のクニオ・ナカムラ氏（写真右）と会談。ナカムラ氏は、「私は大統領として日本に永遠に感謝しています」と語った。

一票は一票でしょう。

また、インドやスリランカの人たちも、同じように、「日本が戦ってくれなかったら独立できなかった」と言っています。

さらに、戦後《せんご》、タイの首相になった、元ジャーナリスト（ククリット・プラモード氏）も、記者時代に、「日本というお母さんがいなかったら、アジアでのわれわれの独立は、とうていなかった」ということを書いていました。

このように、日本に対するアジアの声は、いろいろあるのですが、公平に取り上げられてはいません。やはり、すでに終わった過去《かこ》であっても、正当に評価《ひょうか》することは難《むずか》しいことなのでしょう。

ククリット・プラモード（1911～1995）タイ王国元首相。作家。主著『王朝四代記』等。「日本というお母さん……」という記事は、1955年6月、サヤーム・ラット紙に掲載されたもの。

私が、国際《こくさい》問題に対して積極的《せっきょく》に意見を述《の》べる理由

しかし、現在《げんざい》ただいまのことを正当に評価するのはもっと難しく、さらに、未《み》来《らい》のことになると、もっともっと難しくなります。

先日、私は国際政治学《こくさいせいじがく》の本を読んでいたのですが、その巻頭《かんとう》の部分において、編者《へんじゃ》のリーダーが、「国際政治学というものは、時事問題について解説《かいせつ》するものではない。そういうものに対して結論《けつろん》を出すものではないのだ」というようなことを書いていました。

確《たし》かにそうかもしれませんが、これは「逃《に》げ」でもありましょう。

もし、国際間の紛争《ふんそう》や戦争等が起きたときに、それを専門《せんもん》に研究している人が、「何が正しくて、何が間違《まちが》っているのか」について意見を言うことができないのであれば、どうして一般《いっぱん》の素人《しろうと》が、それを言うことができるでしょうか。

やはり、これは、学問という名における「逃げ」だと思います。

国際政治の歴史《れきし》を勉強した人であるならば、「現在についてどう思うのか」「未来についてどう思うのか」ということに対して意見を言い、専門家として、ある程度《ていど》のリスクを背負《せお》わなければなりません。

ところが、そうしたことを述《の》べるのは、たいてい、組織《そしき》に属《ぞく》していない評論家といわれる方です。ただし、彼らの場合、いろいろと意見を言うものの、影響力《えいきょうりょく》はさまざまであり、「一人の意見」というだけで済《す》まされてしまうこともあります。

要《よう》するに、家族ぐらいにしか責任《せきにん》を持っていない方々は、自由に意見が言えるけれども、それを聞くか聞かないかは、メディアや官庁《かんちょう》、あるいは、政治家等の自由裁量《さいりょう》というかたちになっているわけです。

一方、私は、国際問題についても積極的《せっきょくてき》に発言していますが、評論家とも学者とも違って、「発言する内容《ないよう》には一定の責任が伴《ともな》っている」と思っています。それは、私の発言を信じてついてきている方々や、私の発言をもとにして、いろいろな政策判断《せいさくはんだん》をしたり、行動の判断をしたりする方々が、数多くいるからです。その意味において、「非常《ひじょう》に慎重《しんちょう》であらねばならない」と考えていますし、「慎重であるということが、同時に、必《かなら》ず逃げを打ち、無責任体制《むせきにんたいせい》に逃げ込《こ》むということであってはならない」と思っています。無責任体制に逃げ込むことによって、組織の安泰《あんたい》を図《はか》るということだけであれば、幸福の科学を打ち立てた意味はありません。

幸福の科学は、設立《せつりつ》されて三十年ぐらいの団体《だんたい》であり、ある程度、安定した部分もありますが、ときどき、リスクのあることも行《おこな》っています。そういう意味では、当然《とうぜん》、価値観《かちかん》のぶつかりも出てくるでしょう。

ただ、異《こと》なる見解や宗教《しゅうきょう》的価値観に基《もと》づく判断に対しても、一定の意見を言うべきときが来ているので、それが受け入れられようと受け入れられまいと、私が言わねばならないと思うことについては述べているわけです。

それが受け入れられるようになるかどうかは、信者のみなさんの努力《どりょく》にもよるし、信者でなくとも、「意見としてはそれが正当だと思う」と考える人が周《まわ》りにどれくらいいるか、ということとも関係《かんけい》するでしょう。

しかし、少なくとも、日本の国の進路に一定の影響を与《あた》えていること自体は、事実だと考えています。

私も、この世においては完全《かんぜん》ではないので、あるいは、さまざまな考え違いや思い違い、配慮《はいりょ》しなかった部分等がないとは言えません。ただ、「最大公約数的《さいだいこうやくすう》に、このようにしていったほうがよい」ということを述べていきたいと考えているのです。

戦勝国《せんしょうこく》でも変《か》えることができない、敗戦国《はいせんこく》の文化や宗教《しゅうきょう》

特《とく》に、最近、霊言等で日本神道《しんとう》に関する教えを発信し始めたあたりから、一つの方向性《ほうこうせい》が出てきつつあるかと思っています。

もちろん、当会は、単純《たんじゅん》に考えるような、国家神道的な右翼《うよく》ではありません。それは、みなさんも分かっているはずです。

もし、国家神道的右翼であれば、キリスト教やイスラム教を評価したり、ユダヤ教に一定の理を認《みと》めたり、あるいは、仏教《ぶっきょう》や他の考え方にも理解を示《しめ》したりするようなことは、あまりないだろうと思います。

しかし、当会は、「他の宗教《しゅうきょう》のなかにも、よいものがあり、時代的使命や地域《ちいき》的使命を果《は》たした考え方が

二千年の歴史を持つ日本の伝統と信仰心について言及した『日本建国の原点』(幸福の科学出版)。

あった」ということを十分に認めていますし、今も、その態度《たいど》は変《か》わっていません。

その流れのなかにおいて、日本神道の価値観の復活《ふっかつ》をさせようとしています。それは、世界的に見て、日本に対する今の判定、判断には、不合理《ふごうり》だと思われる部分が多々あるからです。

確かに、「戦争《せんそう》で勝ったほうが圧倒《あっとう》的な力を持って、負けたほうを支配《しはい》できる」ということはあるとは思いますが、やってよいことと悪いことの限度《げんど》はあるのではないでしょうか。

やはり、その国固有《こゆう》の文化や伝統《でんとう》、宗教等については、「戦争においてどちらが強いか」などということとは別《べつ》の次元のものです。それは民族のアイデンティティー（独自性）に属《ぞく》することなので、そこまで変えることはできません。

例《たと》えば、イギリスは、約百五十年間インドを支配していましたが、インドの宗教そのものを変えることはできませんでした。キリスト教も少しは広がったと思いますけれども、インド人の圧倒的多数は、伝統的なヒンドゥー教のなかにあり、それを変えることはできなかったのです。

同じく、日本にも、一五〇〇年代にはヨーロッパの宣教師《せんきょうし》が訪《おとず》れましたし、鉄《てっ》砲《ぽう》が伝来して戦《いくさ》の形態も変わり、洋風文明の影響も受けてはきました。さらに、明治維新《いしん》でも、大きな革新《かくしん》運動は起きましたが、キリスト教徒《きょうと》が人口の一パーセントを超《こ》えることはないままに、現在まで来ています。

日本は、明治期において、洋風文化をよいものだとして取り入れましたが、キリスト教は浸透《しんとう》しませんでした。しかも、その後、戦争で負けて占領《せんりょう》されたにもかかわらず、完全に浸透することができないでいるわけです。

これは、「キリスト教のなかにも正しいものはあるけれども、日本には、すでに、それに十分に代替《だいたい》するものがあった」ということだと思います。

そして、「それに代替するものとは、いったい何であったか」が、明確《めいかく》には分かっていないところもあったのですが、それについて、今、幸福の科学が明らかにしているのだと、私は考えているのです。

戦争《せんそう》が起きる「霊的《れいてき》な背景《はいけい》」と「歴史《れきし》の興亡《こうぼう》」とは

宗教においては、一神教の時代が、ここ二千年から三千年ぐらい続《つづ》いているので、「一神教は純粋《じゅんすい》だが、一神教以外《いがい》のものには濁《にご》りがある。混《ま》ざりものがある」というように考える傾向《けいこう》が出てはいます。

ただ、一神教でも、「普遍《ふへん》的な神としての、全人類《じんるい》を愛《あい》する神」であるならばよいのですが、「一民族《みんぞく》だけを護る特殊《とくしゅ》な神」を、他の民族にも「信じろ」というのであれば、ある種《しゅ》の民族が、他の民族をすべて支配できることになってしまうでしょう。そのため、「これは合理的ではない」と考えるわけです。

この問題について、幸福の科学では、「神様にもレベルはある。民族神というレベルがあるのだ」と教えています。

要するに、その国の人々を豊《ゆた》かにし、富《と》まし、正しく導《みちび》く「民族神」という存《そん》在《ざい》があり、いろいろな国に民族神がいるのです。

そして、それらの国のなかで、特に発展《はってん》し、国力が上がってきたところ、つまり、「列強《れっきょう》」といわれるような国が、三つ、四つ、五つと増《ふ》えてくると、国力の繁栄と同時に、神様がたも、「どの教えが、より人類を幸福の彼岸《ひがん》に導くことができるか」ということで、文化的な摩擦《まさつ》、および競争《きょうそう》が起きてきます。やがて、それが度を超《こ》した場合には、戦争《せんそう》が起きてくるわけです。

人類の過去を見れば、大きな戦争がたくさんあります。戦争そのものを捉《とら》えて見たら、どれも悲惨《ひさん》でしょう。悲惨でない戦争などありません。みな、どちらの側《がわ》から見ても悲惨な結果《けっか》になるのです。

しかし、世界史を見るかぎりは、大きな戦争によって、国の興亡《こうぼう》、つまり、大国が興隆《こうりゅう》したり、滅亡《めつぼう》したりします。あるいは、今まで支配的であったある国家が傾《かたむ》いていき、別のものが出てきて、時代が変わっていくこともあるのです。

小さな単位《たんい》で言えば、私たちは社会において、いろいろな会社が、あるときには大発展し、あるときには消滅し、別のものに取って代《か》わられるということを、常日《つね》ごろ見ていますが、国の興亡も、これと似《に》たような原理で起きているわけです。

なお、戦争の場合、人の命にまでかかわってくるというところは大きいですが、会社の競争の場合には、失業《しつぎょう》という、経済《けいざい》的なレベルでの問題になります。もちろん、失業であっても、人は食べていけなくなったら死ぬことがあるので、人の死とつながることがあることも事実ではあるでしょう。

ただ、ここ二、三千年の世界の流れを見るかぎりは、「国の力が満《み》ちて大きくなり、競争するようになってくると戦争が起きる」ということは、まだまだ、そう簡単《かんたん》になくなりはしないと思うのです。

例えば、軍縮《ぐんしゅく》なども、一生懸命《いっしょうけんめい》にすればするほど、そのあとにリバウンドして、戦争が起きやすいという傾向があります。

たいてい、軍縮は、力を持っている国が、力の弱いほうの国を押《お》さえ込み、もう刃向《はむ》かえないように箍《たが》をはめるという目的で行うことが多いので、結果的に、力の弱いほうの国に不満《ふまん》が溜《た》まってきて、膨張《ぼうちょう》政策に転じていくことがよくあるわけです。

そういう意味で、「軍縮は必ずしも善《ぜん》ならず」という面があり、非常に難しいところがあります。

3　宗教同士《しゅうきょうどうし》の対立戦争《せんそう》をどう見るか

「イスラム教徒《きょうと》の増加《ぞうか》」が意味することとは

さて、国際政治《こくさいせいじ》について、いろいろと述《の》べてきましたが、本節では、実際の国際政治と宗教《しゅうきょう》との両方の面から考えたいと思います。

宗教の面から考えると、やはり、イスラム教関係《かんけい》の問題は見逃《みのが》せないでしょう。これも流動的であり、今後、変動《へんどう》していくでしょうし、非常《ひじょう》にジャーナリスティックな面があるので、固定《こてい》的に考えるのは難《むずか》しいのですが、先に結論《けつろん》を申し上げておきます。

今、イスラム教の信者《しんじゃ》は、世界に十六億《おく》人ぐらいいると言われています。少し古い本を読めば、「イスラム教徒《きょうと》は十億人だ」「八億人だ」などと書いてあるので、増《ふ》えてきていることは間違《まちが》いありません。

また、イスラム教は、特《とく》に世界の貧困層《ひんこんそう》、貧《まず》しい地域《ちいき》にかなり広がってきているため、かつての共産主義《きょうさんしゅぎ》・社会主義運動に代替《だいたい》するものとして広がっている面もあるのではないかと思っています。

つまり、イスラム教は、貧しくて、このままでは現状打破《げんじょうだは》ができないような、救《すく》われない人たちの間に広がっていると言えるでしょう。

キリスト教徒は、世界で二十億人とも、二十二億人とも言われているけれども、イスラム教徒が、それに接近《せっきん》してきつつあることは事実です。

キリスト教においては、表面上はどうか分からないものの、歴史的《れきし》に、裏《うら》の本音としては、だいたい、「イスラム教は悪魔《あくま》の教えだ」と考えられてきました。

この世的に、自分たちと違うところを強調して見すぎると、そのように考えてしまうこともあるのでしょう。

ただ、悪魔の教えが、十数億人にまで広がることはないと考えてよいと思います。

数だけで言えば、ユダヤ教徒は、一千数百万人ぐらいしかいないので、「イスラム教 対 ユダヤ教」の場合、「ユダヤ教のほうが滅《ほろ》び去るべき」ということになるはずです。

一方、イスラム教のほうは、今、「凶悪《きょうあく》なテロをたくさん起こしている」と批《ひ》判《はん》されつつも、信者の数は増えてきているので、やはり、キリスト教的な価値観《かちかん》では見えていない部分が、間違いなくあると考えられます。

「イスラム国」に欧米諸国《おうべいしょこく》の男女が義勇軍《ぎゆうぐん》として参加《さんか》する理由とは

例《たと》えば、イスラム教に関して最悪《さいあく》だと思われるのは、おそらく、「イスラム国」

の問題でしょう。この「イスラム国」を六十カ国以上《いじょう》で包囲《ほうい》し、何とか殲滅《せんめつ》しようとしていましたが、いったん戦《たたか》いが始まったら、最後までやらないと終わりにはならないので、どこまで行くか見守るしかないとは思います。

はたして、「イスラム国」側《がわ》に停戦《ていせん》ができるような体制《たいせい》があるかどうかは分かりません。単《たん》なるゲリラになってしまった場合には、停戦もない状態《じょうたい》になる可能《かのう》性《せい》もあります。

ただ、このような「イスラム国」であっても、以前の「ニューズウィーク」等によれば、欧米諸国《おうべいしょこく》から、少なくとも三千五百人ぐらいの人が入り込《こ》んで、応援《おうえん》しているらしいのです。さらに、そのうちの二千五百人ぐらいは「イスラム国」の兵士《へいし》になっており、また、三千五百人のうちの二割《わり》は女性であるということです。

これはキリスト教圏《けん》の雑誌《ざっし》ですので、おそらく、実数がこれより少ないということはないでしょう。もっと多い可能性もあります。

要《よう》するに、私たちが接している報道《ほうどう》で、あれだけテロ組織《そしき》のように言われている団体《だんたい》であっても、世界各地《かくち》から義勇軍《ぎゆうぐん》のように人が入ってきているのであれば、「そこには、何か惹《ひ》きつけるものがあるのだろう」と思うのです。

やはり、キリスト教圏の国が、イスラム教圏の国、例えば、イラクやイラン、その他、アフガニスタンなど、いろいろな国を蹂躙《じゅうりん》してきた過程《かてい》において、「理《り》不尽《ふじん》だ」と感じるものがあったのは間違いないでしょう。

このあたりを見落としてはならないわけです。

三千五百人であったとしても、これだけの人が国を超《こ》えて流入し、「イスラム国」を手伝《てつだ》おうとしているということは、少なくとも、この千倍以上は支援者《しえんしゃ》がいると考えなければいけません。絶対《ぜったい》に、三百五十万人以上は支援している人がいるはずなのです。

これは、要するに、「はるばる地球をグルッと半周《はんしゅう》したり、一周したりしてまで、他国の文化、あるいは、他の宗教を信じている者へ介入《かいにゅう》することが、どこまで許《ゆる》されるか」という問題なのだろうと、私は思います。

映画《えいが》「アメリカン・スナイパー」に見る、二人の英雄《えいゆう》

アメリカでは、アカデミー賞《しょう》（音響編集賞《おんきょうへんしゅうしょう》）を受賞した「アメリカン・スナイパー」（二〇一四年十二月アメリカで公開）という映画《えいが》も流行《はや》りましたが、これは、イラク戦争《せんそう》に四度参加《さんか》し、一人で百六十人以上を狙撃《そげき》したという実在の人物を描《えが》いた作品です。

映画「アメリカン・スナイパー」(2014年公開／原著:クリス・カイル『ネイビー・シールズ最強の狙撃手』／ワーナー・ブラザーズ)

主人公は、アメリカでは「英雄《えいゆう》」ということになっているわけですが、もともとハンター、狩《か》りをしていた人だったようで、スナイパーとして、千メートル以

上離《はな》れたところから相手を狙撃できました。

一方、イラク側で、後《のち》に「イスラム国」となる組織には、シリア出身のスナイパーがいました。彼は、射撃《しゃげき》の種目《しゅもく》でオリンピックに出て金メダルを取ったようですが、同じく、千メートル以上離れたところから狙撃してくるのです。

その距離《きょり》から狙撃して人に当てられるというのは、なかなか大変《たいへん》なことらしく、そのアメリカン・スナイパーは、向こうのスナイパーとの戦いを繰《く》り広げるわけですが、最後は、相手を千九百メートル以上の距離から撃《う》ち殺《ころ》しました。

そのように、彼は英雄ということで、四度イラクに出征《しゅっせい》しているものの、家庭的には優《やさ》しいパパだったと言われています。

ところが、アメリカ国内で、「銃《じゅう》の使い方を教えてくれないか」と誘《さそ》い出されていって、同じアメリカ人に撃ち殺されました。これは二〇一三年のことです。

その後、英雄として国葬《こくそう》され、パレードが行われてはいますが、戦場ではなく国内で殺されるようなことが起きているわけです。

これは、実に難しいところでしょう。

戦争であれば、戦いの相手を一人で百六十人以上撃ち殺した人というのは、「英雄」に当たります。

しかし、立場を替《か》えて、反対側、つまりイラクのほうから見れば、イラクのなかで米軍に対して攻撃《こうげき》している人たちは、ゲリラであっても、防衛《ぼうえい》をしていることになるのです。つまり、国土を防衛し、国民《こくみん》、家族を護《まも》っているので、イラク側からすれば、護っているほうが「英雄」になるわけです。

この二つの「英雄」については、判断《はんだん》が非常に難しいでしょう。

地球の裏側から来て、国民を殺す外国人を「英雄」と言えるかどうかといえば、反対側から見るかぎり、そうとは言えません。また、自分たちが激《はげ》しく抵抗《ていこう》すればするほど、相手は過激《かげき》になって攻撃するということが起きます。

結局《けっきょく》は、力での解決《かいけつ》になることが多いのですが、泥沼化《どろぬまか》していくと、価値観が揺《ゆ》らいでくることになるわけです。

イスラム圏《けん》の過激派《かげきは》がテロに走る理由とは

「戦争に義戦《ぎせん》なし」とはよく言われますけれども、私としては、基本《きほん》的に、「攻《せ》める側の掲《かか》げた大義名分が、世界を納得《なっとく》させるようなものでなければ、自国の領《りょう》土《ど》や国民、家族等を護るために戦っている者は、悪の側に立っているとは言えないのではないか」と考えています。

どのようなものであっても、そういう傾向《けいこう》はあるでしょう。

例えば、動物たちにとって、いちばんの恐怖《きょうふ》は何かというと、敵《てき》に食べられることです。これは殺されることと同じで、殺されて食べられることが、自然界《しぜんかい》でのいちばんの恐怖だと思うのです。ただ、それ自体は、この地上における魂修《たましいしゅ》行《ぎょう》を全《まっと》うするために必要《ひつよう》なことでもありましょう。

こうしたことについては、もし、攻められる側が圧倒《あっとう》的な野蛮《やばん》性を発揮《はっき》しているならば話は違ってくるのですが、そうでない場合には、ある程度、文化的な違いや考え方の違い、宗教の違い等について、一方的に断罪《だんざい》しすぎるのは、度が過《す》ぎているのではないかと思います。

「イスラム国」の問題等は、まだ終わらないでしょうけれども、どこかの段階《だんかい》で、停戦はしなくてはいけないわけです。そして、体制に対して納得がいかないでいる人たち、特に、スンニ派《は》の人たちに対して、何らかの自治権《じちけん》というか、居《きょ》住権《じゅうけん》を与《あた》えるようなところで、線を引かなければいけないのではないかと考えています。

私は、「反対する者は皆殺《みなごろ》し」という考え方に賛成《さんせい》ではありません。

また、スンニ派もシーア派も、アッラーの神を信じ、ムハンマドを通して語られた教えを奉《ほう》じている、きちんとした宗教の宗派なので、「絶対に間違っている」とは、完全《かんぜん》には言えないものです。

過激《かげき》派の部分については、度を過ぎれば、確《たし》かにやりすぎという面はあると思いますし、「イスラム圏《けん》全体、あるいは、イスラム教全体が、そうしたテロを行う宗教だ」と、世界中の人に思われるようなところまで行くのは、デメリットのほうが大きすぎるでしょう。

もちろん、イスラム圏の過激派の人たちは、戦力的には圧倒的に劣勢《れっせい》であるため、ほかに方法《ほうほう》がないということは、よく分かります。ジェット戦闘機《せんとうき》に乗ったり、航空母艦《こうくうぼかん》を使って攻撃したりなどできないので、そういうゲリラ的な戦いしかできないのだということは、よく分かるのです。

しかし、お腹《なか》の大きな母親がダイナマイトを巻《ま》いて突《つ》っ込んでいったり、子供《こども》に爆弾《ばくだん》を持たせて突っ込ませたり、家族で車ごとぶつかっていったりするようなことが、あまり数多く起きると、どうしても、「そういう宗教だ」と思われることにはなるでしょう。

ただし、もともとのムハンマドの教えに、そこまでのものがあるわけではないのです。

4　日本が世界の平和に貢献《こうけん》するために

映画《えいが》「永遠《えいえん》の0《ゼロ》」に描《えが》かれていた、特攻隊《とっこうたい》がテロではない理由

ちなみに、こうしたイスラム過激派《かげきは》のテロは、「日本の特攻隊《とっこうたい》のまねをしているのだ」という説《せつ》もかなり強く、実際《じっさい》、それに触発《しょくはつ》されたところはあるのかもしれません。

ただ、日本の神風《かみかぜ》特攻隊は、映画《えいが》「永遠《えいえん》の0《ゼロ》」（二〇一三年公開）やその原作にも描《えが》かれていましたが、テロではないのです。

例《たと》えば、この映画で、日本アカデミー賞優秀助演《しょうゆうしゅうじょえん》男優《だんゆう》賞を受賞した俳優《はいゆう》（三浦春馬《みうらはるま》）が演じた現代の若者は、友人から、「特攻は自爆《じばく》テロと同じだろう。何の違《ちが》いがあるんだ？」と訊《き》かれたとき、次のように言っていました。

「航空母艦《こうくうぼかん》というのは、たくさんの戦闘機《せんとうき》や爆撃機《ばくげきき》を載《の》せている、殺戮兵器《さつりくへいき》だ。

これに対して、航空機が爆弾《ばくだん》を積《つ》んでぶつかっていったとしても、テロではない。

これは戦争行為《せんそうこうい》であって、『兵器 対 兵器』の戦《たたか》いであるのだから、テロとは違う。

民間人《みんかんじん》まで巻《ま》き添《ぞ》えにして狙《ねら》うテロとは違うんだ」

しかし、友人たちはそれを受け入れませんでした。そういうシーンが、映画に

映画「永遠の０」（2013 年公開／原作：百田尚樹／／ROBOT ／「永遠の０」製作委員会／東宝）

あったと記憶《きおく》しています。

確《たし》かに、先の大戦において、基本的《きほん》に、日本軍《ぐん》は、「軍事 対 軍事の対決」と考えていた面は多かったと思いますので、「テロ」というのは当たっていないでしょう。

沖縄《おきなわ》を見捨《みす》てなかった「大和《やまと》の心」を分かってほしい

神風特攻隊については、「完全《かんぜん》な狂気《きょうき》」というように捉《とら》える向きもありますし、戦後、「無謀《むぼう》な作戦を行った」という面を糾弾《きゅうだん》されてはいます。

ただ、神風特攻隊の特攻機によって、沖縄《おきなわ》戦を中心として、少なくとも三百隻《せき》以上《いじょう》のアメリカ艦船が沈《しず》められたり、損害《そんがい》を受けたりしているという事実があるのです。したがって、ものの映画によく描かれているように、「ただ単《たん》に、空中で撃《う》ち落とされて無駄死《むだじ》にした」というのは当たっていません。三百隻以上に損害を与《あた》えるというのは、そうとうなことでしょう。

実際、途中《とちゅう》で撃ち落とされたものは五十パーセントで、残《のこ》りの五十パーセントは突《つ》っ込《こ》んでいき、敵艦《てきかん》にまで当たったのは、その半分である二十五パーセントぐらいになります。そのようにして、敵艦を三百隻以上は撃沈《げきちん》したりしているわけです。

また、沖縄の人たちにも知ってほしいのですが、本土からも、そうとうの数の人が、神風特攻隊として沖縄に行っています。

さらに、映画「男たちの大和《やまと》／ＹＡＭＡＴＯ」（二〇〇五年公開）にも描かれているように、沖縄上陸《じょうりく》戦が始まった際には、戦艦大和も、山口県から、護《ご》衛機《えいき》は一機もなしで、単身、沖縄に向かっているのです。「敵の輸送船団《ゆそうせんだん》を撃滅《げきめつ》し、さらに、石油は片道《かたみち》

映画「男たちの大和／ＹＡＭＡＴＯ」（2005年公開／原作：辺見じゅん『決定版 男たちの大和』／東映）

分しかないため、岸辺《きしべ》に乗り上げ、砲台《ほうだい》と化して敵艦船を撃つ」という、無謀と言えば無謀な作戦を立て、九州の枕崎《まくらざき》から二百キロぐらいのところで、敵の航空機の爆撃によって沈められました。

このとき、戦艦大和には三千人ぐらいの人が乗っていたわけですから、これは、ワールドトレードセンターで起こった同時多発テロによって亡《な》くなった方の数と同じぐらいでしょう。

こういう人たちが、沖縄まで辿《たど》り着けずに、九州から二百キロ程《ほど》のところに沈んでいるわけです。

要《よう》するに、戦艦大和は、初《はじ》めから沈められることが分かっていながら、出撃したのです。

沖縄では、「大和人《ヤマトンチュー》（本土の人）は、沖縄人《ウチナンチュー》の気持ちが分かっていない」と言う方も多いのですが、このあたりの「大和の心」は、分かってもらいたいと思っています。「沖縄を見捨《みす》てないということを示《しめ》すために、戦艦大和は死にに行ったのだ」ということを、どうか分かってください。

「大義《たいぎ》なき覇権《はけん》主義」は間違《まちが》っている

また、先の大戦に関《かん》しては、中国では、日本に十年も二十年も国内を荒《あ》らされたと思い、日本を悪の帝国《ていこく》のように思っている人もいるでしょう。そのように思う権利《けんり》はあるのかもしれません。

しかし、それが同時に、「今の中華《ちゅうか》人民共和国《きょうわこく》が、かつての日本と同じようなことをやってよい」ということではないのです。

もちろん、過去は過去として、研究の価値《かち》はあるけれども、「南京大虐殺《ナンキンだいぎゃくさつ》で三十万人が殺《ころ》された」とか、「二十万人の従軍慰安婦《じゅうぐんいあんふ》が強制《きょうせい》的に徴用《ちょうよう》された」とかいう話について、私は「嘘《うそ》だ」と判定《はんてい》しています（『南京大虐殺と従軍慰安婦は本当か――南京攻略《こうりゃく》の司令官《しれいかん》・松井石根《まついいわね》大将《たいしょう》の霊言《れいげん》――』『天に誓《ちか》って「南京大虐殺」はあったのか――『ザ・レイプ・オブ・南京』著者《ちょしゃ》アイリス・チャンの霊言――』（共《とも》に幸福の科学出版刊《しゅっぱんかん》）等参照《さんしょう》）。

ただ、もし仮《かり》に本当であったとしても、それが、中国が二十年間、軍事費《ひ》を十パーセント以上拡張《かくちょう》し続《つづ》けてよいという理由にはなりません。

その延長線《えんちょうせん》上にあるのは、ハワイまでを視野《しや》に入れたアジア支配《しはい》でしょう。それ以外に考えられない方向へ向いていることは明らかです。

これについて、中国が、「過去、日本はそういうことをなしたのだから、何も言う権利はないのだ。黙《だま》っていろ。自分たちについては、何も言われる筋合《すじあ》いは

『南京大虐殺と従軍慰安婦は本当か――南京攻略の司令官・松井石根大将の霊言――』
（幸福の科学出版）

『天に誓って「南京大虐殺」はあったのか――『ザ・レイプ・オブ・南京』著者アイリス・チャンの霊言――』（幸福の科学出版）

ない」という考えであるならば、それは間違《まちが》っています。

「大義《たいぎ》なき覇権《はけん》主義」は間違いです。

さらに、現《げん》時点で、習近平氏《しゅうきんぺいし》は、共産党幹部《きょうさんとうかんぶ》を数万人も、逮捕《たいほ》、拘束《こうそく》、あるいは処刑《しょけい》しています（注。二〇一五年の全人代《ぜんじんだい》で、汚職《おしょく》などで立件《りっけん》された公務員《こうむいん》は約《やく》五万五千人と発表された）。同僚《どうりょう》であっても、異論《いろん》のある人たちを、次々と粛清《しゅくせい》し始めているのです。

また、香港《ホンコン》に見るように、自由主義化を進める人たちを弾圧《だんあつ》しています。新疆《しんきょう》ウイグル自治区《じちく》についても、当局の発表では、「百人ぐらい死んだ」とされているものの、ウイグルのほうからは、「実際は、数千人が虐殺されている」という報道《ほうどう》が入っているのです。

内《うち》モンゴル、新疆ウイグル、チベットなど、中国に占領《せんりょう》されているところについては、彼らの声を反映するような体制をつくらなければいけません。

日本は、一国を防衛《ぼうえい》する力をつけて世界の平和に貢献《こうけん》せよ

なお、中国がネパールなども侵略《しんりゃく》しようと狙《ねら》っていることは分かっていますが、幸福の科学の布教《ふきょう》が進むことで、今、ネパールの政権《せいけん》における毛沢東《もうたくとう》派が少数派に追いやられ、防衛側《ぼうえいがわ》に回っています。

ミャンマーなども、中国と組むのを避《さ》けようとしているし、スリランカも、軍港をつくるに当たって中国資本《しほん》が入っていたところを、途中でそれを中止し、アメリカ・日本側に付《つ》こうと方針《ほうしん》を変《か》えました。

これらは、ささやかではありますが、私の海外巡錫《じゅんしゃく》の効果《こうか》だと思っています（注。二〇一一年三月四日に、ネパールにて「Life《ライフ》 and《アンド》

Death《デス》（生と死）」と題して、二〇一一年十一月六日に、スリランカにて「The《ザ》 Power《パワー》 of《オブ》 New《ニュー》 Enlightenment《エンライトゥンメント》（新しき悟《さと》りの力）」と題して説法《せっぽう》を行った）。

また、オーストラリアにおいても、そうです。私が初めてオーストラリア巡錫に行った際の首相は、九十パーセントの支持率《りつ》を持っており、中国寄《よ》りで、中国語に堪能《たんのう》な方でした。

しかし、次の代からは、中国に一定の資源《しげん》を荒らされることを恐《おそ》れて、日本寄りになり、防衛のほうに入っています（注。オーストラリアにて、二〇〇九年三月二十九日に「You《ユー》 Can《キャン》 Be《ビー》

（写真右から）2011年3月のネパール講演会「Life and Death」、同年11月のスリランカ講演会「The Power of New Enlightenment」、2012年10月のオーストラリア講演会「Aspirations for the Future World」。

the《ザ》 Person《パーソン》 You《ユー》 Want《ウォント》 to《トゥ》 Become《ビカム》（人は、願《ねが》ったとおりの人間になれる）」と題して、二〇一二年十月十四日に「Aspirations《アスピレーションズ》 for《フォー》 the《ザ》 Future《フューチャー》 World《ワールド》（未来《みらい》世界への大志《たいし》）」と題して説法を行った）。

これは、日本の戦後七十年間が、「アジアの優等生」であったということを意味しているのではないでしょうか。

私は、「日本が一国を防衛するだけの防衛力を持つことは、正しいことだ」と思いますし、それを、世界のなかで説得《せっとく》的に展開《てんかい》する、あるいは、話ができる程《てい》度《ど》の行使で、世界の平和に貢献《こうけん》することが大事だと考えています。

人は、間違いを犯《おか》すことがあります。戦争には敗《やぶ》れることがあります。

しかし、敗れたことによって、智慧《ちえ》を得《え》ることも可能《かのう》だと思うのです。まだ敗れたことのない国は、それが分からないのでしょう。したがって、そういう間違いを防《ふせ》ぐことも大事であると思います。

5 宗教《しゅうきょう》対立、民族《みんぞく》対立を超《こ》えて

一神教は他の宗教《しゅうきょう》を悪く言う傾向《けいこう》がある

では、宗教同士《しゅうきょうどうし》の対立を超《こ》えるには、どうしたらよいでしょうか。

世界では、一神教に基《もと》づいて、他教を邪教視《じゃきょうし》する考え方がけっこう広がっていますが、これには「無知《むち》による判断《はんだん》」が多いと思うのです。彼らは、自分の宗教で教わったとおりに考えているだけであって、「他教をそれほど責《せ》められるものではない」ということを知らないわけです。

教会の牧師《ぼくし》あたりの人であっても、そのくらいの認識《にんしき》であることが多いと思われます。伝道《でんどう》の際《さい》に、「この教え以外《いがい》では救《すく》われないのだ」ということを一生懸《いっしょうけん》命《めい》に言って、だんだん狭《せば》めていったり、「イエスを通してでしか救われない」というように持っていったりしています。

ただ、そのような傾向《けいこう》になる気持ちは、宗教としてはよく分かります。「教会を通さずしては救われない」と言わないと、やはり、人はなかなか入ってきません。幸福の科学では、まだ、「当会の支部《しぶ》を通さずしては天上界《てんじょうかい》に上がれない」とは言っていませんが、時間がたつにつれ、そこまで言うようになっていく気持ちは、歴史《れきし》的な一つの原理として、理解《りかい》できます。熱心《ねっしん》になればなるほど、そのようになるのも事実です。

その熱心さにおいては、イスラム教徒《きょうと》にも似《に》たようなところがあります。イスラム教を滅《ほろ》ぼそうとする者に対しては、「神の国を護《まも》るために戦《たたか》う」という気持ちになるのは分かります。また、「ムハンマドも、多勢《たぜい》に無勢《ぶぜい》の戦いに勝って国を建《た》てた。まさしく神の国を建てたのだ」という気持ちがあり、その心境《しんきょう》に多少の違《ちが》いはあれども、まねをしているつもりでいるのでしょう。

仏教《ぶっきょう》や日本神道《しんとう》は「神々」を認《みと》め、「至高神《しこうしん》」の考え方に近い

それから、今、一神教のなかに挙《あ》げられなかった仏教《ぶっきょう》については、たくさんの神々が出てきてはいますが、「複数形《ふくすうけい》としての『神々』はいる。しかし、その神々よりも仏陀《ぶっだ》が上である」というのが仏教の考え方なのです。「神々よりも仏陀が上である」ということからすれば、一神教ではなく、「至高神《しこうしん》」の考えにやや近いと言えます。

また、日本神道《しんとう》にも、一段秀《いちだんひい》でた神がいます。それは、天御中主神《あめのみなかぬしのかみ》のことを言う場合もあれば、天照大神《あまてらすおおみかみ》を立てる場合もありますが、秀でた神のほかにもたくさんの神々がいらっしゃって、神評定《かみひょうじょう》をなさっているわけです。要《よう》するに、古代から〝国会〟を開いているのが、日本神道なのです。

そういう意味では、非常《ひじょう》に民主主義《みんしゅしゅぎ》的な宗教観《かん》を持っていると思います。国会のような座席《ざせき》はなく、〝河原《かわら》〟ではありますが、いちおう、神々が対等に議論《ぎろん》をしているのですから、こういう民主主義的宗教観も非常に珍《めずら》しいのではないでしょうか。

そのように、日本神道の神々には、人間によく似ているところがあるわけです。

ユダヤ教は、「正しさ」の観点《かんてん》から考えると疑問《ぎもん》が残《のこ》る

ユダヤ教については、どうでしょうか。これは、もともと、モーセが「出《しゅつ》エジプト」をなしてできたものです。

ユダヤ人は、四百年ぐらいエジプトで奴隷《どれい》にされていて、それから出エジプトをしたと言われています。今の朝鮮《ちょうせん》半島が三十五年ほど日本の統治下《とうちか》にあったというのもかなりすごいことですが、四百年となると、そうとうな年数です。

現在《げんざい》から遡《さかのぼ》れば、明治《めいじ》時代を通り越《こ》して、江戸《えど》時代の初期《しょき》が、四百年前ぐらいに当たります。つまり、徳川家康《とくがわいえやす》が江戸幕府《ばくふ》を建てた一六〇〇年ごろから現在までの時間が、ユダヤ民族が奴隷になっていた期間に相当するわけです。そこから「出エジプト」をなして国を建てるまでを導《みちび》いた神ということになると、やはり、そうとう偏見《へんけん》などに満《み》ちているとしか言いようがないでしょう。

そうであれば、ユダヤ人が周《まわ》りの者を悪く言うのは当然《とうぜん》のことでしょう。国を建てるために、それまで奴隷であった人たちを、「おまえたちはほかの者よりも優《すぐ》れているのだ」とほめ称《たた》え、自信を持たせようとしたという、その意図は分からないでもありません。ただ、「教えとして正しいか」といえば、やや疑問《ぎもん》なところがあるわけです。

ちなみに、「出エジプト」について描《えが》かれた映画《えいが》「エクソダス：神と王」が、二〇一五年一月に日本で公開されました。「出エジプト」に関《かん》しては、過去《かこ》、映画「十戒《じっかい》」等でも描かれてはいるものの、CGが発《はっ》達《たつ》した今の時代に、「モーセが紅海《こうかい》を割《わ》って逃《に》げ、ラムセス二世の軍《ぐん》が沈《しず》められた」といったところをどのように描くのかが、見物《みもの》ではあったわけです。

ただ、私の本では、「モーセの迫害《はくがい》は、ラムセス二世ではなく、ラムセス二世の子供《こども》であるメレンプター治下で起きたことだ」ということになっています（『黄金の法《ほう》』〈幸福の科学出版刊《しゅっぱんかん》〉参照《さんしょう》）。「ラムセス二世によって、モーセとメレンプターは育てられた」というように考えているのです。

しかし、ハリウッドのほうはラムセス二世にこだわっていて、いつも、モーセを迫害した人物をラムセス

ラムセス2世（前13世紀頃）エジプト第19王朝第3代の王。エジプト史上第2の治世期間を記録し、ラムセス王朝の黄金時代を築いた。

映画「十戒」（1956年公開／パラマウント映画）

映画「エクソダス：神と王」（2014年公開／20世紀フォックス）

二世にします。彼はエジプト最強《さいきょう》の王様だったので、敵役《かたきやく》としてはそれがよいということなのでしょうが、何の〝祟《たた》り〟か、日本ではヒットしなかったようです。

歴史的には少し違っていますが、やはり、最強の王様を敵にしたほうが、モーセとしてはかっこいいので、そのようにしたのでしょう。

「正義《せいぎ》の基準《きじゅん》」を世界規模《きぼ》で見直す時期に入っている

これまで、それぞれの時代のなかにおける、自分たちの集団《しゅうだん》の中心的な考え方に基《もと》づく判断はあっただろうと思います。

世界規模《きぼ》でものを考えることができるようになったのはごく最近のことなので、そのあたりに関しては、難《むずか》しい面があったのでしょう。交通の便《べん》が悪く、通信の便が悪い過去の時代において、「世界規模で考えよ」と言っても無理なところはあったと思うのです。ヒットラーの時代のヨーロッパであっても、ヨーロッパの国々の間には多少の距離《きょり》があったので、そういうところはあったでしょう。

そういう意味では、今、ようやく世界規模で物事《ものごと》を考えられる時期に入ったのではないかと思いますし、「正義《せいぎ》の基準《きじゅん》」も、民族的なものを中心にしたものから、もう少しグローバルな観点《かんてん》で、物事が正しいかどうかを判断することになると思います。

それから、数だけで考えるような考え方にも、問題はあります。人口だけで考えるのか、それとも、どんな国でも「一国一票《ぴょう》」と考えるのかといったことによっても考え方は違ってくるので、数だけで考えてはいけません。やはり、「何が正しいか」ということを、とことん突《つ》き詰《つ》めていかなければならないと思います。

〝戦後《せんご》の正義〟は、今、とりあえず、「第二次大戦が終わった段階での戦勝国の体制《たいせい》を維持《いじ》することが正義である」という考え方に基づいているため、「第二次大戦における戦勝国がつくった体制が変《か》えられることは、悪だ」というような考え方が続《つづ》いています。

しかし、そのときには戦勝国になって祝福《しゅくふく》されたとしても、七十年もたてば、国だって変わってきます。その間に、〝変色《へんしょく》〟〝変質〟し、他国にとって著《いちじる》しく不幸《ふこう》を招《まね》くような考え方を持つ国が出てきたのであれば、やはり、それに対して一定の牽制《けんせい》が働《はたら》くような国家間システムがなければいけないのではないか、と思うのです。

例《たと》えば、すでにある国連《こくれん》を使うのも結構《けっこう》なのですが、今、日本が常任《じょうにん》理事国に入っていないのは問題です。やはり、入れなければいけないでしょう。これは当然のことだと思います。

国連の常任理事国が、アジアで中国一国のみではおかしいと思いますし、他のアジアの国々の意見をまとめられる力としても、日本は要《い》ると思います。

これに関しては、先の戦争《せんそう》で、アメリカが日本人のことを「イエローモンキー」「ジャップ」と称《しょう》し、「悪魔《あくま》と戦うようなものだ」と思うことで日本人を殺《ころ》すことを合理化していた、戦時プロパガンダ、宣伝《せんでん》に行きすぎた点があったことを、多少は反省《はんせい》していただきたいところです。もちろん、国家関係を壊《こわ》さない範囲《はんい》でよいのですけれども、そのように思うわけです。

韓国《かんこく》の日本に対する悪口《わるくち》には「民族意識《みんぞくいしき》」が抜《ぬ》けていない面がある

なお、日本との関係ということでは、韓国《かんこく》についても少し述《の》べておきたいことがあります。

日韓関係については、日本も努力《どりょく》しなければいけないし、一時は韓流《ハンりゅう》ブームもあって、かなり韓国を受け入れていたと思います。しかし、韓国の政治家《せいじか》は、「日本の悪口《わるくち》を言うと支持率《しじりつ》が上がる」ということで、すぐにそういう政策《せいさく》によって人気取りに走るので、かなり〝洗脳度《せんのうど》〟が高いように見えます。

北朝鮮については、もう話にならないレベルですけれども、「五年後には核弾《かくだん》頭《とう》を百個《こ》も持つかもしれない」とも言われているので、これをどうにかしなければいけない時期は、もうすぐ来ると思います。

韓国では、産経《さんけい》新聞の元支局長を起訴《きそ》して、「韓国から出国禁止《きんし》」にしましたが、あの動きには問題があります（注。二〇一四年八月、産経新聞のウェブサイトに掲載《けいさい》された記事が、朴槿恵《パククネ》大統領《だいとうりょう》の名誉《めいよ》を毀損《きそん》したとして、韓国側《がわ》は産経新聞のソウル元支局長を出国禁止処分《しょぶん》とし、在宅《ざいたく》起訴した問題。検察《けんさつ》は懲役《ちょうえき》一年六カ月を求刑《きゅうけい》したが、二〇一五年十二月十七日、ソウル中央地裁《ちさい》は無罪を言い渡した。この判決を受けて検察は控訴《こうそ》を断念《だんねん》、無罪が確定《かくてい》した）。

もし、産経新聞一社が、他社を出し抜《ぬ》いて、韓国を貶《おとし》めるような記事をスクープし、当局の禁止も振《ふ》り切って書いたというのであれば問題はあったかもしれませんが、実際《じっさい》には、韓国国内ですでに報道《ほうどう》されていたことを後追いで書いただけなのです。それを、「大統領に対する名誉毀損に当たる」として、産経の支局長を出国禁止にしたわけです。

その記事は、「豪華《ごうか》客船が転覆《てんぷく》してたくさんの人が亡《な》くなり、韓国中で大問題になっていたときに、大統領には『謎《なぞ》の七時間』があったが、その間、どこに行っていたのか」というものです。愛人《あいじん》か恋人《こいびと》かは知りませんが、韓国国内では、「どうも、誰《だれ》かと一緒《いっしょ》にいたらしい」という報道はなされていたようですが、それに追随《ついずい》して書いた産経の支局長の記事については見咎《みとが》めて、起訴して出国させずにいたわけです。それに対し、日本は何もできないでいる状態《じょうたい》でした。

それに加《くわ》えて、その夏から、韓国では、伊藤博文《いとうひろぶみ》を射殺《しゃさつ》したとされる〝英雄《えいゆう》〟・安重根《あんじゅうこん》が、なぜか現代に蘇《よみがえ》り、安倍《あべ》首相を撃《う》ち殺そうとする小説《しょうせつ》が話題にな

伊藤博文暗殺の真相を探った『安重根は韓国の英雄か、それとも悪魔か』（幸福の科学出版）

っていました。

日本人は、こんなものに対しても怒《おこ》らないという、非常に珍しい国民《こくみん》でもあるわけです。もっとも、政治家の命はホタルのようなもので、いつ切れてもおかしくないから、別《べつ》に気にもしないのかもしれませんが。

そのように、日本のほうは、「安重根が蘇って安倍首相を撃ち殺そうとする」という小説がもてはやされても、文句《もんく》も何も言えず、韓国のほうでは、すでに韓国で報道されたことを日本の記者が書いたら捕《つか》まえるというようなことが起きているわけです。

韓国には、過去の日本への怨恨《えんこん》もあるのでしょうが、やはり、若干《じゃっかん》、「民族意識《みんぞくいしき》」から抜けていない面があるのではないかと思います。

本章で前述《ぜんじゅつ》した神風特別攻撃隊《かみかぜとくべつこうげきたい》で出撃した人のなかには、士官《しかん》学校を出た韓国の人もいて、誇《ほこ》りを持って出撃されたようです。先の戦争において、韓国は、日本と戦って独立《どくりつ》したわけではありません。ですから、お互《たが》いに大人になって、少し差《さ》し引いて話し合わなければいけない面はあるのではないでしょうか。

6 「神の正義《せいぎ》」によって、すべての人の幸福を

著書《ちょしょ》『太陽の法《ほう》』『黄金の法』『永遠《えいえん》の法』で分かる「神の正義《せいぎ》」

総《そう》じて、「神が『正義《せいぎ》』と考える基準《きじゅん》は何であるか」ということですが、基本的には、「歴史《れきし》の流れ」の問題ではあるのです。

神は、まったく単調《たんちょう》な歴史を考えているわけではないのですが、やはり、人は長く権力《けんりょく》を持てば腐敗《ふはい》することもあるし、人がつくった組織《そしき》も、一定の〝耐用《たいよう》年数〟を超《こ》えて、百年、二百年、三百年とたてば、組織としてもたなくなってくる

し、時代に合わなくなってくるので、革命《かくめい》が起きるというような思想があります。

そのように、神は基本的には、「イノベーションは起きるものだ」と考えていると思うのです。

そこで、もし、世界の人々に「神の正義とは何か」を知ってもらいたかったら、『太陽の法《ほう》』『黄金の法』『永遠《えいえん》の法』（いずれも幸福の科学出版刊《しゅっぱんかん》）の思想を、一通《ひととお》り理解《りかい》していただくことです。三冊《さつ》を読むことは、一生かかるような難《むずか》しいことではありません。人によって読む速度は違うかもしれませんが、一週間や十日《とおか》もあれば、読めないことはないでしょう。

これらを読むと、「神にもグレードはあって、普遍《ふへん》

「法シリーズ」を代表する基本三法『太陽の法』『黄金の法』『永遠の法』
（いずれも幸福の科学出版）

的に、地球的な正義を考えている神から、地域《ちいき》別・国別・民族《みんぞく》別に考えている神がいることや、あるいは、ときどきエンゼル（天使）や預言者《よげんしゃ》、そして救世主《きゅうせいしゅ》のような方が地上に出ては、宗教《しゅうきょう》を興《おこ》している」ということが分かります。

つまり、それぞれの宗教に違《ちが》いはあるけれども、それぞれの宗教が、その時代の、その地域の人たちを救《すく》うために興されたものであるわけです。

しかし、違う時代の、違う地域の考え方と合わないことがあるために、いろいろな戦争《せんそう》や、ぶつかり合いが起きています。そのように、お互いを理解できないために起きる戦争やぶつかり合い、誤解《ごかい》を、できるだけなくしていきたいと私は考えています。

そういう意味において、『太陽の法』『黄金の法』『永遠の法』で説《と》かれている思想が世界の人々に理解されるようになったら、きっと、「ああ、そういうことだったのか」ということが分かってくれるようになると思うのです。

先の大戦《たいせん》では、「政教分離《せいきょうぶんり》」がマイナスに働《はたら》いた

先の大戦《たいせん》でも、キリスト教国同士《どうし》が戦《たたか》っています。「アメリカ 対 ドイツ」、「ドイツ 対 フランス」、あるいは「ドイツ 対 イギリス」が戦ってはいますが、これらはすべて、キリスト教国同士です。みな、神の名の下《もと》に、「神よ許《ゆる》したまえ。アーメン」と言いながら撃《う》ち殺《ころ》していますので、これは、どうしようもありません。

かつて、イエスが、「神のものは神に。カイザルのものはカイザルに」と、政《せい》教分離《きょうぶんり》のもとになるようなことを言っていますけれども、もしかしたら、その政教分離がマイナスに働《はたら》いているのではないかという気も、若干《じゃっかん》、しないでもないのです。

もし、政教分離ではなく、イエスの言葉をきちんと守って政治をしなければいけなかったら、どうなっていたでしょうか。「政治の延長《えんちょう》としての外交」「外交の

延長としての戦争」があるとして、戦争においても、キリスト教精神《せいしん》を生かさなければいけなかったら、あれほど目茶苦茶《めちゃくちゃ》な殺し合いはできなかったかもしれません。

しかし、政治と宗教が分離してしまったために、かえってマイナスになった面もあるのではないかと思います。

各国《かっこく》の宗教《しゅうきょう》を超《こ》えて「神のマネジメント」が行われている

イスラム教と日本神道《しんとう》は、意外に根が似《に》ていて、通じているようなところがあります。ともに、「神近き人が国を治《おさ》めることはよいことだ」という考え方があり、それから、軍神《ぐんしん》が多いところも似ています。そういう意味で、よく似ているところがあるのです。

このあたりの、日本神道とイスラム系《けい》、あるいはユダヤ系とが通じている部分については、だんだんに明らかにしていこうとしています。

また、キリスト教から、日本の宗教《しゅうきょう》者《じゃ》への生まれ変わり等も起きています。人はなかなか国籍《こくせき》を超《こ》えられないのですが、魂《たましい》においては、意外に、国籍を超えて世界的に移動《いどう》している者がいるのです。

そう考えると、会社で言えば、弱いところや強いところなど、いろいろな部門があるので、「では、この部門に人を投入しようか」という感じで異動《いどう》

日本神道（伊勢神宮）

キリスト教（サン・ピエトロ大聖堂）

ユダヤ教（エルサレム神殿跡）

イスラム教（カアバ神殿）

させたりしながら、全体がうまくいくようにしようと努力しているということであり、そういう形跡《けいせき》が見えるわけです。

これは、つまり、「神のマネジメント」がそこにあるということです。

したがって、私が言いたいことは、「神のいちばんの願《ねが》いは、もちろん、できれば一人残《のこ》らず、多くの人たちが幸福に暮《く》らせるようになることだ」ということです。

至高《しこう》の神は「全員の幸福を実現《じつげん》したい」と願《ねが》っている

国際政治学者のなかには、「政治の原理」について、キリスト教のたとえを用いて、「百匹《ぴき》の羊《ひつじ》のうちの一匹が谷間に迷《まよ》っても、残りの九十九匹を連《つ》れて行くのが『政治の原理』であり、谷間に迷っている一匹の羊を救いに行くのが『宗教の原理』だ」というように言う人が数多くいます。

しかし、私の説いている宗教には、多少違う面があります。「九十九匹を捨《す》て置《お》いても、一匹だけは救え」とは言っていません。「一匹に対しても配慮《はいりょ》しなければいけないけれども、九十九匹だって護《まも》らなければいけない」と、欲張《よくば》りではありますが、両方を言っているのです。

つまり、「最大《さいだい》多数の最大幸福を目指しながらも、〝網《あみ》〟から漏《も》れる者もいるので、〝網〟から漏れる者についても配慮をしなければいけない。しかし、〝網〟から漏れる者を中心に全部を組み立ててはならない」ということを言っているわけです。

最近、フランスの「ピケティ理論」では、「所得格差《しょとくかくさ》が開いている」として、すべてを貧《まず》しいほうに合わせて引きずり降《お》ろそうとしています。しかし、これはマルクス主義《しゅぎ》そのものであり、これでは世界が貧しくなります。貧しい世界では、助け合うこともできなくなるので、貧しければよいというものではないのです。

やはり、豊《ゆた》かにならなければ、富《とみ》の分配など、しようがありません。

したがって、基本的な考えに間違《まちが》いがあってはならないのです。すなわち、「一匹」のために、理論をすべて組み立ててはならないと思うわけです。

マルクス主義が出てくると同時に、宗教の没落《ぼつらく》が始まっているのは、マルクス主義のなかに、「宗教の原理」が一部入っているからです。「弱者のほうが正しいのだ」という考えを、政治的に拡大《かくだい》したのがマルクス主義なのです。

しかし、「統治《とうち》の原理」としては、多数に支《ささ》えられなければ、やはり、統治はできませんし、経営《けいえい》もできません。そういうところがあるので、両方にバランスよく目配りをしなければいけないのです。

神は、「それぞれの国の繁栄《はんえい》」と、それから、「同時代に共存《きょうそん》している、関連のある国々が調和していけるような繁栄」を願《ねが》っています。

それが、考え方の違いによって、対立したり、矛盾《むじゅん》を起こしたり、激《はげ》しい戦争になったりするようなら、やはり、これを調整し、平和化していくための調整原理が働き始めます。戦争に反対する人が出てきたり、あるいは、光の天使が、悪なる者を打ち砕《くだ》くための勇者《ゆうしゃ》として、政治家や軍人となって出てきたりすることもあるのです。

このように、さまざまなかたちをとって、それを終わらせようとする原理が働くわけです。

したがって、「最大多数の最大幸福」という功利《こうり》主義の原理もありますが、神は、「できたら、『最大多数』ではなく、『全員の幸福』を実現《じつげん》したい」と思っています。そして、実現できていないことに対しては、常《つね》に、さまざまなリーダーを地上に送り込《こ》んで、実現しようとしているのです。そうした、いわゆる「神のマネジメント」が、地球レベルで行われているのだということを知ってください。

それを教えているのが、幸福の科学の教学です。この幸福の科学の教学が世界に広がることによって、人々の理解が深まり、「どうすべきであるか」ということを、もう一歩よく考えて判断《はんだん》できるようになるのではないかと思います。

ただし、一方的に自分の国だけの利益《りえき》を考え、他の国を蹂躙《じゅうりん》していくような国の出現があった場合には、やはり、有無《うむ》を言わさず抵抗《ていこう》し、それを縮小《しゅくしょう》させていく努力《どりょく》はすべきだと考えています。

いずれにしても、「無神論・唯物論《ゆいぶつろん》国家との対立」や「世界の宗教《しゅうきょう》の違いによる憎《にく》しみ合い」を超《こ》えるべく、幸福の科学は、「憎しみを超えて、愛《あい》を取れ」ということを言い続ける宗教でありたいと思います。

「真に正しいものとは何か」をつかめ

日本のマスコミは
自由に報道《ほうどう》しているように見えるかもしれませんが、
この日本のマスコミにも、程度《ていど》に差《さ》はあります。
彼らのなかでも、
神の祝福《しゅくふく》を受けているところと、そうでないところが、
はっきりと分かれてきつつあるのです。
しかし、それは当然《とうぜん》でしょう。
なぜなら、私たちが、善悪《ぜんあく》を明らかにしつつあるからです。

もし、神や仏《ほとけ》、あるいは、霊《れい》、あの世というものを
否定《ひてい》する方向に言論《げんろん》を抑制《よくせい》するのであれば、
これは、中国や北朝鮮《きたちょうせん》の現在《げんざい》の政治体制《せいじたいせい》に屈《くっ》しているのと同じことです。

私たちは、宗教《しゅうきょう》的真理を求《もと》めて活動していますが、
同時に、「政治的な自由」「政治的な権利《けんり》」、
また、「この地上におけるユートピアの建設《けんせつ》」に向けても、
日々、努力《どりょく》しております。

そのなかで、決して忘《わす》れてはならないことは、
「『神仏《しんぶつ》の目から見て正しいかどうか』ということでもって、
政策《せいさく》を判断《はんだん》し、国の方向も判断していかねばならない」ということです。

答えはすでに、私の数多くの本のなかに書いてあります。

全世界の人々に申し上げます。

幸福の科学は、
正義《せいぎ》と、それに反するものについて意見を述《の》べます。

その内容《ないよう》は、
一部の国の政治体制や経済《けいざい》体制、
また、信仰《しんこう》に対する態度《たいど》と矛盾《むじゅん》するものがあるかもしれません。

しかし、みなさんは大人になってください。
大人になって、「真に正しいものは何であるか」ということを、
しっかりとつかんでください。

私の指さす方向に、地球の未来《みらい》は、必《かなら》ず開《ひら》けていきます。
われらが地球的正義を確立《かくりつ》するまで、
この戦《たたか》いをやめることは断じてありません。

――『地球的正義とは何か』より

あとがき

本書で、私は学問の領域《りょういき》を越《こ》えてしまったと感じている。別の言葉を使えば、「神の啓示《けいじ》の学問化」に挑戦した、ともいえるだろう。

日本や外国の高名な学者の学識や、総理や大統領の認識をも超《こ》えて、神仏の立場から視《み》た、この世にあるべき「正義の姿」を描いてみせた。

そこに、地球レベルの「神の臨在《りんざい》」を感じとる人もいるだろう。

いずれにせよ、本書が、今日《こんにち》の諸学問に与える感化力《かんかりょく》は、かなり大きなものとなるだろう。

さらに、未来世界に与える波及効果《はきゅうこうか》は、想像《そうぞう》を絶《ぜっ》するものとなるだろう。宗教を、単なる迷信《めいしん》や洗脳程度《せんのうていど》に思い込んでいた人々には、自らの無知・無学を省《かえり》みていただきたいと考える。なぜならば、「未来社会を創《つく》るＤＮＡ」が本書そのものなのだから。

二〇一五年　十二月

幸福《こうふく》の科学《かがく》グループ創始者兼総裁《そうししゃけんそうさい》　大川隆法《おおかわりゅうほう》

本書は左記の法話をとりまとめ、加筆したものです。

第1章　神は沈黙していない
二〇一四年十二月十六日説法
東京都・総合本部

第2章　宗教と唯物論の相克
二〇一三年十一月十日説法
東京都・東京正心館

第3章　正しさからの発展
二〇一五年一月二十四日説法
神奈川県・横浜正心館

第4章　正義の原理
二〇一五年五月二十四日説法
栃木県・総本山・正心館

第5章　人類史の大転換
二〇一五年七月七日説法
埼玉県・さいたまスーパーアリーナ

第6章　神の正義の樹立
二〇一五年三月八日説法
東京都・東京正心館

※　第6章の5節と6節は、本法話の質疑応答より抜粋し追加したものです。

『正義の法』大川隆法著作関連書籍

『太陽の法』（幸福の科学出版刊）
『黄金の法』（同右）
『永遠の法』（同右）
『忍耐の法』（同右）
『智慧の法』（同右）
『幸福の原理』（同右）
『悟りの原理』（同右）
『ユートピアの原理』（同右）
『新・日本国憲法 試案』（同右）
『日本建国の原点』（同右）
『Power to the Future』（同右）
『大川隆法 スリランカ 巡錫の軌跡』（同右）

『フィリピン巨大台風の霊的真相を探る』（同右）
『されど、大東亜戦争の真実　インド・パール判事の霊言』（同右）
『ムハンマドよ、パリは燃えているか。
　　　――表現の自由vs.イスラム的信仰――』（同右）
『イスラム国〝カリフ〟バグダディ氏に
　　　直撃スピリチュアル・インタビュー』（同右）
『公開霊言　山本七平の新・日本人論　現代日本を支配する「空気」の正体』（同右）
『大震災予兆リーディング』（同右）
『パラオ諸島ペリリュー島守備隊長　中川州男大佐の霊言』（同右）
『南京大虐殺と従軍慰安婦は本当か
　　　――南京攻略の司令官・松井石根大将の霊言――』（同右）
『天に誓って「南京大虐殺」はあったのか
　　　――『ザ・レイプ・オブ・南京』著者アイリス・チャンの霊言――』（同右）
『安重根は韓国の英雄か、それとも悪魔か』（同右）

『公開霊言 東條英機、「大東亜戦争の真実」を語る』（幸福実現党刊）

『スピリチュアル・エキスパートによる徹底検証「イスラム国」日本人人質事件の真相に迫る』（里村英一・綾織次郎 編　幸福の科学出版刊）

※左記は書店では取り扱っておりません。最寄りの精舎・支部・拠点までお問い合わせください。

『地球的正義とは何か』（宗教法人幸福の科学刊）

『釈迦の本心――政治編』（同右）

正義《せいぎ》の法《ほう》 ――憎しみを超えて、愛を取れ――

2016年1月1日　初版第1刷
2016年11月28日　　　第28刷

著者　大《おお》川《かわ》隆《りゅう》法《ほう》

発行所　幸福の科学出版株式会社
〒107-0052 東京都港区赤坂2丁目10番14号
TEL(03)5573-7700
http://www.irhpress.co.jp/
印刷・製本　株式会社 堀内印刷所

落丁・乱丁本はおとりかえいたします

ISBN978-4-86395-729-9 C0014

写真：AFP＝時事／ Tim Grant/WireImage/Getty Images ／ Don Arnold/Getty Images
Luiz Rampelotto/Pacific Press/LightRocket via Getty Images ／読売新聞／アフロ
AA/時事通信フォト／ ANP/時事通信フォト／時事通信フォト／ Pasu Au Yeung
時事／ Lover of Romance ／ Yourway-to-israel ／ Andreas Tille ／ Al Jazeera English
共同通信社／ CPC Photo ／ traveler1116/gettyimages ／ Uri Yanover ／ Fanghong

大川隆法 法シリーズ・人生の目的と使命を知る《基本三法》

太陽の法

エル・カンターレへの道

創世記や愛の段階、悟りの構造、文明の流転を明快に説き、主エル・カンターレの真実の使命を示した、仏法真理の基本書。8言語に翻訳され、世界累計1000万部を超える大ベストセラー。

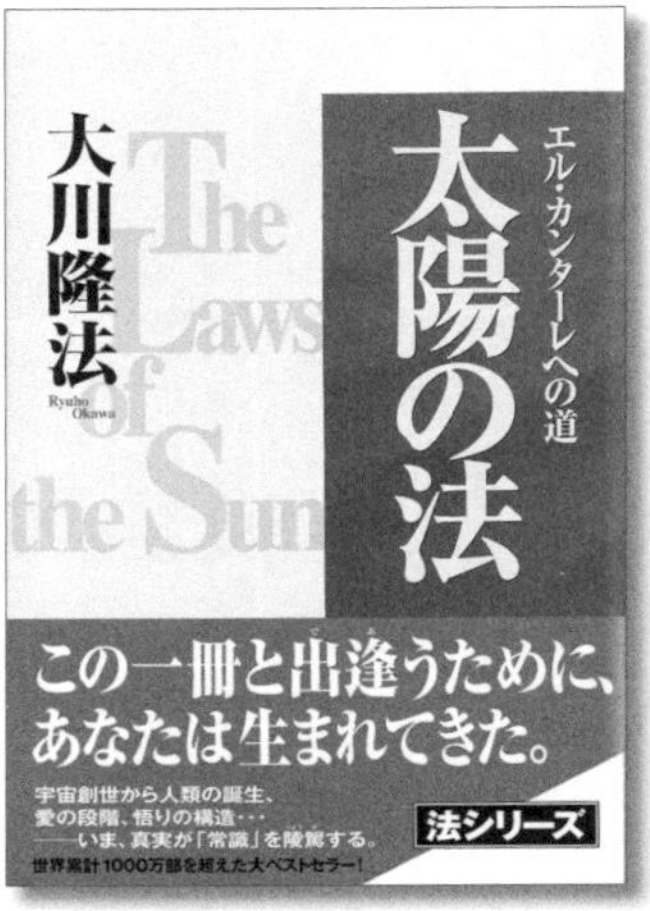

第１章　太陽の昇る時
第２章　仏法真理は語る
第３章　愛の大河
第４章　悟りの極致
第５章　黄金の時代
第６章　エル・カンターレへの道

2,000円

黄金の法

エル・カンターレの歴史観

歴史上の偉人たちの活躍を鳥瞰しつつ、隠されていた人類の秘史を公開し、人類の未来をも予言した、空前絶後の人類史。

2,000円

永遠の法

エル・カンターレの世界観

『太陽の法』（法体系）、『黄金の法』（時間論）に続いて、本書は、空間論を開示し、次元構造など、霊界の真の姿を明確に解き明かす。

2,000円

※表示価格は本体価格（税別）です。

大川隆法 ベストセラーズ・法シリーズ

智慧の法

心のダイヤモンドを輝かせよ

現代における悟りを多角的に説き明かし、人類普遍の真理を導きだす――。「人生において獲得すべき智慧」が、今、ここに語られる。

2,000円

忍耐の法

「常識」を逆転させるために

人生のあらゆる苦難を乗り越え、夢や志を実現させる方法が、この一冊に――。混迷の現代を生きるすべての人に贈る希望の書。あなたの心は、もっと強くなる！

2,000円

未来の法

新たなる地球世紀へ

暗い世相に負けるな！ 悲観的な自己像に縛られるな！ 心に眠る無限のパワーに目覚めよ！ 人類の未来を拓く鍵は、一人ひとりの心のなかにある。

2,000円

不滅の法

宇宙時代への目覚め

「霊界」「奇跡」「宇宙人」の存在。物質文明が封じ込めてきた不滅の真実が解き放たれようとしている。この地球の未来を切り拓くために。

2,000円

大川隆法 ベストセラーズ・日本と世界の未来を拓く

大川隆法の守護霊霊言

ユートピア実現への挑戦

あの世の存在証明による霊性革命、正論と神仏の正義による政治革命。幸福の科学グループ創始者兼総裁の本心が、ついに明かされる。

1,400円

日本建国の原点

この国に誇りと自信を

二千年以上もつづく統一国家を育んできた神々の思いとは——。著者が日本神道・縁《ゆかり》の地で語った「日本の誇り」と「愛国心」がこの一冊に。

1,800円

国際政治を見る眼

世界秩序《ワールド・オーダー》の新基準とは何か

日韓関係、香港民主化デモ、深刻化する「イスラム国」問題など、国際政治の論点に対して、地球的正義の観点から「未来への指針」を示す。

1,500円

自由の革命

日本の国家戦略と世界情勢のゆくえ

「集団的自衛権」は是か非か!? 混迷する国際社会と予断を許さないアジア情勢。今、日本がとるべき国家戦略を緊急提言！

1,500円

※表示価格は本体価格（税別）です。

大川隆法 霊言シリーズ・先の大戦の意義を明かす

パラオ諸島ペリリュー島守備隊長 中川州《くに》男《お》大佐の霊言

隠された〝日米最強決戦〟の真実

アメリカは、なぜ「本土決戦」を思いとどまったのか。戦後70年の今、祖国とアジアの防衛に命をかけた誇り高き日本軍の実像が明かされる。

1,400円

沖縄戦の司令官・牛島満中将の霊言

戦後七十年 壮絶なる戦いの真実

沖縄は決して見捨てられたのではない。沖縄防衛に命を捧げた牛島中将の「無念」と「信念」のメッセージ。沖縄戦の意義が明かされた歴史的一書。

1,400円

硫黄島 栗林忠道中将の霊言 日本人への伝言

アメリカが最も怖れ、最も尊敬した日本陸軍の名将が、先の大戦の意義と教訓、そして現代の国防戦略を語る。日本の戦後にケジメをつける一冊。

1,400円

されど、大東亜戦争の真実 インド・パール判事の霊言

自虐史観の根源にある「東京裁判」の真相は何だったのか。戦後70年、戦勝国体制の欺瞞を暴き、日本が国家の気概を取り戻すための新証言。

1,400円

幸福の科学出版

大川隆法霊言シリーズ・中東問題の本質を探る

ムハンマドよ、パリは燃えているか。
―表現の自由vs.イスラム的信仰―

「パリ新聞社襲撃テロ事件」の発端となった風刺画は、「表現の自由」か"悪魔の自由"か? 天上界のムハンマドがキリスト教圏に徹底反論。

1,400円

中東で何が起こっているのか
公開霊言 ムハンマド／アリー／サラディン

イスラム教の知られざる成り立ちや歴史、民主化運動に隠された「神の計画」。開祖、四代目カリフ、反十字軍の英雄が、イスラム教のめざすべき未来を語る。

1,600円

世界紛争の真実
ミカエル vs. ムハンマド

米国(キリスト教)を援護するミカエルと、イスラム教開祖ムハンマドの霊言が、両文明衝突の真相を明かす。宗教対立を乗り越えるための必読の書。

1,400円

※表示価格は本体価格(税別)です。

大川隆法霊言シリーズ・世界の政治指導者の本心

オバマ大統領の新・守護霊メッセージ

英語霊言 日本語訳付き

日中韓問題、TPP交渉、ウクライナ問題、安倍首相への要望……。来日直前のオバマ大統領の本音に迫った、緊急守護霊インタビュー!

1,400円

プーチン大統領の新・守護霊メッセージ

独裁者か? 新時代のリーダーか? ウクライナ問題の真相、アメリカの矛盾と限界、日ロ関係の未来など、プーチン大統領の驚くべき本心が語られる。

1,400円

中国と習近平に未来はあるか

反日デモの謎を解く

「反日デモ」も、「反原発・沖縄基地問題」も中国が仕組んだ日本占領への布石だった。緊迫する日中関係の未来を習近平氏守護霊に問う。

【幸福実現党刊】

1,400円

大川隆法霊言シリーズ・全体主義者の本心と末路

マルクス・毛沢東のスピリチュアル・メッセージ

衝撃の真実

共産主義の創唱者マルクスと中国の指導者・毛沢東。思想界の巨人としても世界に影響を与えた、彼らの死後の真価を問う。

1,500円

アダム・スミス霊言による「新・国富論」

同時収録　鄧小平の霊言　改革開放の真実

国家の経済的発展を導いた、英国の経済学者と中国の政治家。霊界における境遇の明暗が、真の豊かさとは何かを克明に示す。

1,300円

赤い皇帝 スターリンの霊言

旧ソ連の独裁者・スターリンは、戦中・戦後、そして現代の米露日中をどう見ているのか。共産主義の実態に迫り、戦勝国の「正義」を糺す一冊。

1,400円

幸福の科学グループのご案内

宗教、教育、政治、出版などの活動を通じて、地球的ユートピアの実現を目指しています。

幸福の科学

一九八六年に立宗。信仰の対象は、地球系霊団の最高大霊、主エル・カンターレ。世界百カ国以上の国々に信者を持ち、全人類救済という尊い使命のもと、信者は、「愛」と「悟り」と「ユートピア建設」の教えの実践、伝道に励んでいます。

（二〇一六年十一月現在）

愛

幸福の科学の「愛」とは、与える愛です。これは、仏教の慈悲《じひ》や布施《ふせ》の精神と同じことです。信者は、仏法真理をお伝えすることを通して、多くの方に幸福な人生を送っていただくための活動に励んでいます。

悟り

「悟り」とは、自らが仏の子であることを知るということです。教学《きょうがく》や精神統一によって心を磨き、智慧《ちえ》を得て悩みを解決すると共に、天使・菩薩《ぼさつ》の境地を目指し、より多くの人を救える力を身につけていきます。

ユートピア建設

私たち人間は、地上に理想世界を建設するという尊い使命を持って生まれてきています。社会の悪を押しとどめ、善を推し進めるために、信者はさまざまな活動に積極的に参加しています。

国内外の世界で貧困や災害、心の病で苦しんでいる人々に対しては、現地メンバーや支援団体と連携して、物心両面にわたり、あらゆる手段で手を差し伸べています。

年間約３万人の自殺者を減らすため、全国各地で街頭キャンペーンを展開しています。

公式サイト **www.withyou-hs.net**

ヘレン・ケラーを理想として活動する、ハンディキャップを持つ方とボランティアの会です。視聴覚障害者、肢体不自由な方々に仏法真理を学んでいただくための、さまざまなサポートをしています。

公式サイト **www.helen-hs.net**

INFORMATION

お近くの精舎・支部・拠点など、お問い合わせは、こちらまで！

幸福の科学サービスセンター

TEL. 03-5793-1727 （受付時間 火〜金：10〜20時／土・日・祝日：10〜18時）

幸福の科学 公式サイト happy-science.jp

教育

学校法人 幸福の科学学園

学校法人 幸福の科学学園は、幸福の科学の教育理念のもとにつくられた教育機関です。人間にとって最も大切な宗教教育の導入を通じて精神性を高めながら、ユートピア建設に貢献する人材輩出を目指しています。

幸福の科学学園

中学校・高等学校（那須本校）
2010年4月開校・栃木県那須郡（男女共学・全寮制）
TEL 0287-75-7777
公式サイト happy-science.ac.jp

関西中学校・高等学校（関西校）
2013年4月開校・滋賀県大津市（男女共学・寮及び通学）
TEL 077-573-7774
公式サイト kansai.happy-science.ac.jp

仏法真理塾「サクセスNo.1」 TEL 03-5750-0747（東京本校）
小・中・高校生が、信仰教育を基礎にしながら、「勉強も『心の修行』」と考えて学んでいます。

不登校児支援スクール「ネバー・マインド」 TEL 03-5750-1741
心の面からのアプローチを重視して、不登校の子供たちを支援しています。
また、障害児支援の**「ユー・アー・エンゼル!」運動**も行っています。

エンゼルプランV TEL 03-5750-0757
幼少時からの心の教育を大切にして、信仰をベースにした幼児教育を行っています。

シニア・プラン21 TEL 03-6384-0778
希望に満ちた生涯現役人生のために、年齢を問わず、多くの方が学んでいます。

NPO活動支援

学校からのいじめ追放を目指し、さまざまな社会提言をしています。また、各地でのシンポジウムや学校への啓発ポスター掲示等に取り組む一般財団法人「いじめから子供を守ろうネットワーク」を支援しています。

公式サイト mamoro.org
相談窓口 TEL.03-5719-2170
ブログ blog.mamoro.org

政治

幸福実現党

内《ない》憂《ゆう》外《がい》患《かん》の国難に立ち向かうべく、二〇〇九年五月に幸福実現党を立党しました。創立者である大川隆法党総裁の精神的指導のもと、宗教だけでは解決できない問題に取り組み、幸福を具体化するための力になっています。

幸福実現党 釈量子サイト
shaku-ryoko.net

Twitter
釈量子@shakuryoko
で検索

党の機関紙
「幸福実現NEWS」

幸福実現党 党員募集中

あなたも幸福を実現する政治に参画しませんか。

○ 幸福実現党の理念と綱領、政策に賛同する18歳以上の方なら、どなたでも党員になることができます。
○ 党員の期間は、党費(年額 一般党員5千円、学生党員2千円)を入金された日から1年間となります。

党員になると

党員限定の機関紙が送付されます。
(学生党員の方にはメールにてお送りします)
申込書は、下記、幸福実現党公式サイトでダウンロードできます。

住所:〒107-0052
東京都港区赤坂2-10-8 6階
幸福実現党本部

TEL **03-6441-0754**
FAX **03-6441-0764**
公式サイト **hr-party.jp**
若者向け政治サイト **truthyouth.jp**

幸福の科学グループ事業

出版
メディア
事業

幸福の科学出版

大川隆法総裁の仏法真理の書を中心に、ビジネス、自己啓発、小説など、さまざまなジャンルの書籍・雑誌を出版しています。他にも、映画事業、文学・学術発展のための振興事業、テレビ・ラジオ番組の提供など、幸福の科学文化を広げる事業を行っています。

アー・ユー・ハッピー？
are-you-happy.com

ザ・リバティ
the-liberty.com

幸福の科学出版
TEL **03-5573-7700**
公式サイト **irhpress.co.jp**

THE FACT

ザ・ファクト
マスコミが報道しない
「事実」を世界に伝える
ネット・オピニオン番組

Youtubeにて
随時好評配信中！

ザ・ファクト　検索

NEW STAR PRODUCTION

ニュースター・プロダクション

ニュースター・プロダクション（株）は、新時代の"美しさ"を創造する芸能プロダクションです。2016年3月には、ニュースター・プロダクション製作映画「天使に"アイム・ファイン"」を公開しました。

公式サイト
newstarpro.co.jp

ニュースター・プリンセス・オーディション

ニュースター・プロダクションは、2018年公開予定映画のヒロイン人材を求めて、全国規模のオーディションを開催します。あなたも映画のヒロインを目指して、応募してみませんか？

詳しくはこちら　ニュースター・プロダクション　検索

入会のご案内

あなたも、幸福の科学に集い、
ほんとうの幸福を
見つけてみませんか？

幸福の科学では、大川隆法総裁が説く仏法真理をもとに、
「どうすれば幸福になれるのか、また、
他の人を幸福にできるのか」を学び、実践しています。

入会

大川隆法総裁の教えを信じ、学ぼうとする方なら、どなたでも入会できます。入会された方には、『入会版「正心法語」』が授与されます。（入会の奉納は1,000円目安です）

ネットでも**入会**できます。詳しくは、下記URLへ。
happy-science.jp/joinus

三帰《さんき》誓願《せいがん》

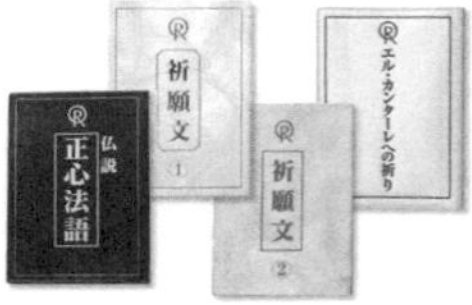

仏弟子としてさらに信仰を深めたい方は、仏・法・僧の三宝への帰依を誓う「三帰誓願式」を受けることができます。三帰誓願者には、『仏説・正心法語』『祈願文①』『祈願文②』『エル・カンターレへの祈り』が授与されます。

植福《しょくふく》の会

植福は、ユートピア建設のために、自分の富を差し出す尊い布施の行為です。布施の機会として、毎月1口1,000円からお申込みいただける、「植福の会」がございます。

ご希望の方には、幸福の科学の小冊子（毎月1回）をお送りいたします。詳しくは、下記の電話番号までお問い合わせください。

月刊
「幸福の科学」

ザ・伝道

ヤング・ブッダ

ヘルメス・
エンゼルズ

INFORMATION	**幸福の科学サービスセンター** **TEL. 03-5793-1727**（受付時間 火～金：10～20時／土・日・祝日：10～18時） 幸福の科学 公式サイト **happy-science.jp**